藤沢発

オープンカレッジから生まれた女たち

女性学から実践へ

湘南VIRAGO《ヴィラーゴ》【編著】

生活思想社

藤沢発

オープンカレッジから生まれた女たち＊もくじ

装幀＊渡辺美知子

はじめに

藤沢市とオープンカレッジ

藤沢市は神奈川県の南西部、相模湾から相模原台地までの面積約七〇平方キロメートル、人口約三九万人の都市で、温暖な自然環境に恵まれたまちです。多くの観光客が訪れる江ノ島で有名ですが、東京からはほぼ五〇キロメートルに位置し、JR東海道線、小田急江ノ島線、江ノ島電鉄、湘南モノレール、そして、相鉄いずみ野線、横浜市営地下鉄が乗り入れるなど、交通の便にも大変恵まれています。

藤沢市内には日本大学、湘南工科大学、慶應義塾大学、湘南国際女子短期大学の四大学が設置されていますが、その一つ湘南国際女子短期大学に女性のための講座の開設依頼がきたのが一九九六年でした。

藤沢市は一九七二年から二四年間、革新市長が市政をとり、革新的な市としても有名になりましたが、女性のための成人教育においても、性別役割分業に焦点を当てた婦人学級が早々に始まるなど、先駆的な活動をしていたまちでもあります。そして、一九九七年に「オープンカレッジ」と名づけて始まったこの企画は、一般市民の女性のための成人講座を短大で開催するという新しい試みでした。オープンカレッジは、短大生のための「女性学」という講座を一般の人にも参加できるようにして始まりましたが、二〇〇五年時点ですでに九年目に入っています。その間、授業の形態や曜日時間など多少の変化はありましたが、毎年受講生を迎え、その数はすでに三五〇人を超えました。この藤沢で、小さな短大で一九九七年から始まったオープンカレッジを紹介したいと思います。

オープンカレッジの授業概要

藤沢市の教育委員会から湘南国際女子短期大学に宛てられた「女性講座」の開講依頼の文書には、「男女共同参画社会の実現に向けて、行政、民間の枠を越えた幅広い関係者との連携と共通認識を整え、多様化している市民の学習ニーズに応えるため、大学が持つ専門的・総合的な教育機能を生かした学習機会を提供することを目的とする」と、その趣旨が書かれています。男女共同参画基本法の施行以前にすでに藤沢市ではその事業が始まっていたことになります。

湘南国際女子短期大学は開校当初から地域との関わりを重視するという方針をもっています。短大では教育委員会からの依頼を検討した結果、学生に開講している「女性学」の授業に一般市民の方の参加を無料で認める形で受けることとし、「オープンカレッジ」と名づけることとなりました。湘南国際女子短期大学では、一九九一年の開校当初より「女性学」という科目をおいていました。当時、他大学でも女性学の講座の設置が広まりつつありましたが、専任教員が担当する形で短大に「女性学」が置かれたのはまだ数少なかったと思います。実際のところ、藤沢市内の他大学には適当な科目がないということで、湘南国際女子短期大学に依頼がきたのでした。その女性学をオープンカレッジとして市民の方の参加を認めることになったのです。

一年を通じて行われる女性学の授業では、ジェンダーとは何か、月経・妊娠・出産・中絶など性をめぐるさまざまな事柄、生殖技術の問題、就職と仕事、結婚、DV、性暴力、売買春、男性学、といった女性が生きる際に関わってくる広い範囲の事柄を扱うことで、女性学の視点が生活全般に求められていることを示したいと考えてきました。前期・後期での授業の配分は毎年その時々の状況に合わせて変更を加えています。たとえば二〇〇五年度の授業では、「性差とジェンダー」の話の後、「ファッション・ダイエット・美」「リプロダクティブ・ヘルス」「避妊」「中絶」「出産」「生殖テクノロジー」「女性と仕事」「結婚」「ドメスティック・バイオレンス」「性暴力と売買春」「護身術」「アサーティブネス」「男性学」などのテーマを扱っています。

オープンカレッジの受講生には学生と同様にレポートを書き、試験を受けることを奨励しています。無料でしかも聞くだけという形で関わってほしくないというのが私の希望でした。レポートについては一年の終わりにレポート集を作成し、レポート作成に参加した人と教育委員会に配っています。

学生とのかかわり

短大の授業であった「女性学」をオープンカレッジとして開くことに、最初はためらいもありました。というのも、女性学の授業では学生の年齢に合わせた性に関わる事柄や、すぐに直面する就職活動や結婚などについて講義していましたから、年齢の異なる人が参加するに当たってその内容が妥当かどうか、多少不安が残りました。ところが、実際に開講して気づいたのは、学生の授業が一般の人たちにとっても意味あるものだったことでした。そして、一般の人たちの出席が学生に刺激を与えたことでした。学生にとっては、すでに就職や結婚を経験している人たちが身近にいて、その経験からの意見を聞くことは新鮮な体験だったようです。学生の一人が、「お母さんとはこんな話はできないけど、聞けてよかった」と言っていたのが印象的です。また同様に、一般の方にとっても学生がどのようなことを考えて、どんな意見を持っているのか、日ごろ気になっていても聞くことのできない若者の本音を知るよい機会になったようです。「茶髪の子が意外ととてもまじめなのがわかって、自分の偏見に気づいた」とおっしゃった方もいらっしゃいました。もちろん、学生の不真面目な姿勢に驚くこともあったかもしれません。

オープンカレッジ生はどう変わっていったか

一般市民の方の参加する一年間の講座は大いに刺激的な授業を生み出すこととなりました。しかもその変化には私自身驚かされることも多々ありました。たとえば、半期が終わった段階で、「女性もやはり働かなくてはいけない、しかもパートでなく正社員になろう」と決心して就職活動をし、合格したので後期は授業に参加できませんと言ってくる方もいらっしゃいました。女性学は実践的なものでなければならないと思っていましたし、そうありたいと思ってはいましたが、授業の途中でそこまで直接的な反応が起きたことに驚きました。また、短大の講座に行ってから妻の態度が変わったことに怒った夫が「もう短大に行くな」と言ったと話される方も一人だけではありません。それでも続けて参加されたのは、オープンカレッジで学べることの意義を強く見出されたからでしょう。多くの方が「私なんて」と最初は言っているのですが、次第に積極的に話し合いに参加されていくのを見て、その変化に感動することもありました。

オープンカレッジの広報用のポスターを外注した際には、ジェンダーに縛られた女性のイメージから抜け出せないでいるデザイナーと口論をしたこともありました。デザイナーの型にはまった女性のイメージと、女性などに文句を言わせないという高圧的な態度に怒りを覚え、いっそうこうした講座が必要なのだと決意を新たにしたものでした。それまで広報活動はそれを職業とする人に任せていましたが、これ以降、オープンカレッジに参加した人の意見を聞くことのほうが重要であることに私も気づきました。そして、外注のポスターをやめ、オープンカレッジを経験した方たちのキャッチフレーズをチラシに使ったところ、このほうが一般の方へのアピール度は強かったように思います。いわゆるプロと呼ばれている外部の方よりも、実体験をした人の言葉が重みと実感を生み出すという例でもありました。また、このとき協力してくれたオープンカレッジを経験した人たちの熱心な姿、自分たちが経験した驚きや喜びを他の人にも広めたいという思いが、ずっとオープンカレッジを支えてくれているといっても過言ではありません。

まだまだジェンダーや女性学ということが一般の人になじみがなかったときに始まったオープンカレッジは、講師である私にとっても、参加者にとっても、そして学生にとっても新しい試みでした。そんななかで受講していた市民の方に多くの動きが見られたのは、心踊るような経験でした。そんな変化をもたらしたのは、講義だけではなく、講義をきっかけとして生まれた受講生間の会話、そして家族間での会話も含めてのことだったに違いありません。

また、私も参加者から大いに刺激され、授業内容の見直しを毎回迫られることになりましたし、実際の生活とのつながりを見つけることに常に意識を向けさせられることになりました。その後受講生の熱意から継続者のためのゼミもできあがり、今では自主ゼミという形の実践グループも活動を始めています。

＊

本書では、こうしたオープンカレッジの活動を紹介し、学習が実践に結びついていくことでその地に根づいていく一つの例として提示したいと思います。第一部第一章は、オープンカレッジ開講以前から藤沢市で行われていた成人教育の様子を、第二章には、オープンカレッジを受講したことが参加者にとってどんな意味を持ち、どのように考え方や生き方を変えていったのかを、そして第二部は、そこから発展して実際に地域での活動を始めている人たちの活動報告を、それぞれまとめたものです。

女性のための成人教育と地域活動は、各地でそれぞれ事情に適したあり方が存在すると思われます。藤沢の例を一つの参考として、また新たな試みが始まってほしいと願っています。そしてそんな活動の輪をどんどん広げて、誰もが生きやすい社会をみんなで作っていきたいものです。

湘南ＶＩＲＡＧＯを代表して＊小松加代子

第1部
オープンカレッジ

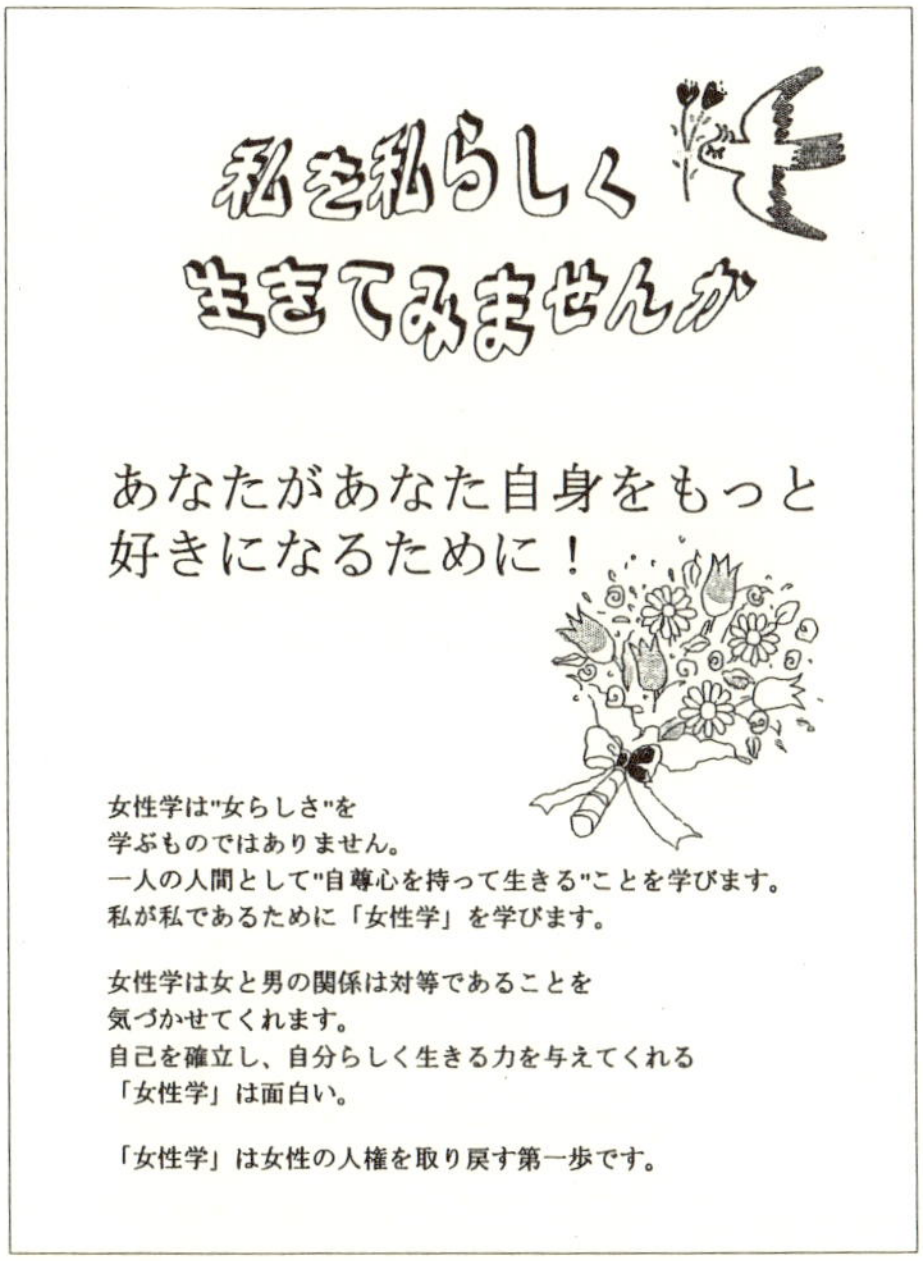

私を私らしく
生きてみませんか
あなたがあなた自身をもっと
好きになるために！
女性学は"女らしさ"を
学ぶものではありません。
一人の人間として"自尊心を持って生きる"ことを学びます。
私が私であるために「女性学」を学びます。
女性学は女と男の関係は対等であることを
気づかせてくれます。
自己を確立し、自分らしく生きる力を与えてくれる
「女性学」は面白い。
「女性学」は女性の人権を取り戻す第一歩です。

ゼミの皆さんの言葉を使って作ったチラシ(本文152ページ)

第1章　社会教育革新地・藤沢市に学んで

生涯学習に出会って

野田土佐子

昔六十の手習いと聞いたことがあったが、七十半ばを過ぎた私に新しい学びのチャンスが訪れるとは思ってもみなかった。しかし偶然と思われるものの、その背景には私のこれまでの学びの場や人とのかかわりがあって、それらの積み重ねのうえに起こってきたことだとも考えられる。今回はそうした事柄を今の視点でふり返ってみることも何かのたしになるかもしれないなどと考えて、老いの学びの来し方、行く末をまとめてみたいと思った。

戦後の女性たちをめぐる社会状況

私が二〇歳のとき敗戦となり、日本は米軍の占領下、民主主義国家として再出発することになった。敗戦に打ちひしがれた心身に新憲法は、〝男も女も〟一人の人間として自由に生きられるという希望に満ちた明るさをもたらした。死ぬことにしか未来がなかった日から、生きることだけを考えてよい時代となって、人生に希望を抱かせるものが生まれた。それは国家再建のエネルギーとなった。

日々の生活は苦しくとも、男女の差別や家の重圧からの解放は、女性にとって本当に自由になったと実感できたし、明るい未来が約束されたように思えたのである。女性は選挙に行き、多くの女性議員の誕生を喜んだ。これからは、女は養ってもらうのではなく、自分で働いて生きてゆく時代、自立はそこから始まるのだと思った。新しい時代は女が働くことに異論はなく、多くの若い女性は就職した。私も小学校教員として勤務した。

しかし職場での男性優位は基本的に変わっていなかった。それは女性は結婚すれば姓は変わるものであり、男の扶養家族に組み込まれるのが当たり前といったことや、長く勤めた女性は家庭的でないなどいわれのないレッテルがつけられたりなど、それらは家制度の形を変えた復活ともとれる動きだった。せっかく誕生した女性議員は、いつの間にか姿を消して政治の世界も男性が支配するようになっていったのである。そんな雰囲気に押されて、私を含む多くの女性は結婚退職して専業主婦となっていった。

その主婦達に異変が起こった。それは「空の巣症候群」と名づけられた生きがい喪失に悩む多くの女性たちの姿であった。子どもの数の減少、平均寿命の伸び、電化機器の普及、消費生活の変化など、家事時間や、子育て期間の短縮でできた時間や労力を、職業、社会活動、趣味、教養、スポーツその他さまざまな方面に生きがいを求めるようになっていったのである。

婦人学級開設について

こうした社会状況のなかで、一九七〇年（昭和四五年）藤沢市では新しく主婦たちのライフサイクル（生活周期による生活設計）の学習をすすめるための婦人学級を開設することになった。それは女性の生き方について、家庭の内から外（社会）へと視野を拡げ、一個人として自己に責任を持つことができるようになることが問われるもので、いまでは至極当たり前のことで取り立てていうほどのものでもないのだが、当時としては画期的と言えることであった。女性が家庭の外に目を向けることが、社会的にも必要とされる時代の到来が予測されたからであったと思う。

その内容は、参加者全員がライフプランを考え、自分がどのように生きるのか、生きたいのかを確認する作業から始められた。そしてグループに分かれて話し合いをしながら徐々に自己の自立へとステップをふんでいくというように進められていった。広い分野の学習ができるように企画されていて、新鮮で面白く、良い刺激を受けながらの学習は、教わるだけでは未完に終わってしまうから実践を伴うことで完成するものと教えられ、学ぼうとするエネルギーは、そのようにして再生産されるものであるということがわかった。そして何をどう学ぶかは個人の選択にまかされることによって学ぶことに対する個人の自由と責任について、ごく自然に当たり前のこととして受け止められるようになっていったと思う。

ボランティアのこと

私は、この学びの場から有志で「ボランティアクラブ」というグループ活動を始めた。皆で話し合いながら受け入れ先を探し、相手方のニーズを掘り起こすことからはじめ、実践につなげていった。それらは、児童福祉施設の子どもたちの遊び相手であったり、老人ホームのおむつたたみ、つくろい物などささやかなことであったが、当時の主婦達が社会へ目をむけて自分の時間を持ち、グループを作って社会活動？をすることは、当時としては珍しいちょっと進歩的な主婦達（女性）の動きであったかと思われる。

しかし続けていくうちに、社会の矛盾に気がつくことになり、ボランティアというものがだんだんわからなくなっていき、虚しさに襲われるようになっていった。どこへ行ってもお客様扱いで形式的なことですまされて、心の通いあうようなことがほとんどないことに気がついた。これが生きがいにつながるのか自信が持てなくなっていった。それらをクールに割り切り、自分をコントロールすべきなのか迷うようになった。その一方「ボランティア有償論」が言われ始め、無償であるべきという立場の私にとって転機となった。

ちょうどそのころ「重度障害児訪問教育」が新しく始められることになって、非常勤講師にという誘いがあり、思い切って応募、週四日勤務という職に就いた。私の小さなボランティアは終止符を打ったけれど、その経験は、二〇年にわたる障害児とのかかわりのなかに活かされ、個人的には満足すべき結果になったと考えている。

近代史サークルのこと

さて、婦人学級として開講されていたものに「近代史講座」があり、講師は当時、湘南高校で社会科を教えていられた小山文雄先生で、全一六回というものであった。テーマは二十世紀初頭から現代にいたるまでの近代化する過程のなかの社会状況と、そこに生きた人びとの動きや人間関係などを学び、歴史が具体的に人びとの間でどのように形づくられるのかを知り考えることで、それらは現代を生きる私たちにとっての生き方、考え方を自分なりに構築することであったと今にして思うのだが、そのころの私は、ただ未知の世界に踏み入る面白さばかりの単純な動機だったかと思う。

二年間の学習の後、もう少し続けたいと市の社会教育課に働きかけ、さらに継続してほしいと強く要望した。しかし社会教育課では、学級はあくまで自立したサークルへのきっかけ作りであり、私たちは自立できると評価されていた。それで私達は話し合った結果、小山先生に引き続き御協力頂けることになり、そこに大きな支えができて、自主運営の「近代史サークル」が発足することになった。

それから三五年の歳月を経てサークルは私の生活の一部となった。小山先生からは、身近な事柄に感じること、それを隣の人に具体的に広げていくこと、既製の言葉にのらないこと、などの助言を頂きながらいまなお学習を続けている。

女性学のこと

四年前の二〇〇一年、短大でのオープンカレッジ「女性学」の開講を知り参加することにした。近代史で学んだ明治、大正期の女性たちの生き方や解放運動などをふまえ、現代の女性がおかれている状況を知りたかった。私にとって近代史の学習の延長線上に見える男女のあり方を探ることを念頭においていたのだ。

ところがその思惑は見事に外れ、まったく新しい男女のあり方を知ることになった。つまり戦前の男女別学の教育を受けて育ち、その後まともな性教育も性情報にも接することなく生きてきた者の無知、無能を知ることになったのだ。

そのぶん面白く学べたと言えるが、とにかく本や資料をたくさん読むことになり、老眼をショボつかせ、萎みゆく脳みそにパンクしないようそろりそろりと詰め込むのは容易なことではない。人様の三倍から四倍の時間をかけて半分くらいしかできないような情けない状態であった。

とくに大変だったのは外来語の多さである。女子には必要なしと学ばせてもらえなかったからと今さら恨み事を言っても始まらない。他の人は苦もなく学習を進めているのかと自信をなくし落ち込んだけれど、私が知らなかった男女の性の仕組み、中間性の存在、性同一性障害のことなど科学的に解明されている新しい男女のあり方など、私の学んできたものとまったく異なった視点で新しい考え方を学べたことは、本当に良かった。そのうえ娘や孫と同世代の方達と机を並べディスカッションすることは、とても新鮮に思えた。

世代を越えて共通の時間、空間、問題意識を共有することができたということ、これこそ世代を越えて学びあうこと、すなわち生きあうこと、互いにかかわりを持つことにつながるという存在、限られた時空のなかでそうした気分を味わえて幸せだった。（もっともこれは私の一方的な思い込みで、じつは「変なオバァさん」と思われていたかもしれない）

そうは言っても私には学び続けるエネルギーをもらっ

たということになったのである。

学びの場を生涯にわたって

聞く、読む、話す、書くなどは学習の手段として共通した事柄であり、自分の考えをきちんとまとめ、表現できるようになることは、自立への大きなステップである。婦人学級から始まった学習はこれらの感覚をみがく場としての意味が大きかった。とは言うものの、私も途中で挫折しそうになったことを何度か経験している。今日まで続けられたのは、ひとえに良い御指導を頂いた先生方、そして友人、仲間、の存在が大きいと思われ、心からの感謝を申し上げたいと思うのである。

私は今、自分の生涯学習として藤沢市の婦人学級から始められたいくつかの学習に参加できたことは私の人生にとって、大変有意義なことであったと思う。これからの人生にとっても同様に大切な生きがいとして学習に参加できればうれしいと思っている。

次の世代の人びとも、男女にかかわらずこうした学びの場を生涯にわたって自分たちでつくり出してゆくことをしてほしいと願っている。人びとの学習権の充実こそ、落ちこぼれのない、失敗することのない人生が送れるようになることであって、それが健全な市民社会を実現する基盤となると信じている。

私の体験した社会教育

永田稲子

はじめに

私は六十歳、二十五年も前から藤沢市の婦人学級などに参加している。その体験をたどり、その時々の気持ちの変化を思い起こして述べてみたいと思う。

結婚して間もなく家事は嫌いで不得意だということに気がついた。しかしそれを誰にも言うことはできなかった。なぜならば専業主婦だった私の立場で、家事（育児もあったが）ができないということは、自分の存在を危うくすることだという怖れがあったからである。子どもが小学生になってPTAの広報などに参加するようになり、少しずつ自分の得意なことが（それは存在意義につながった）発見されていった。

その後PTAの先輩が立ち上げた「親と教師と語る会」に参加した。主に教育問題だが、毎月テーマを決め、当番が司会や報告を担当する方法で四年以上続いた。ここでの私の気持ちは、「母親が解放されていなければ、子どもにきちんと冷静に対応することができない、だから母親も学ぶ必要がある」というものだった。直接自分のしたいことをするのは気が引けるので、子どものためという言い訳をつけていたのである。この活動の途中で「親業」という講座をうけた。「自分を変えなければ相手も変わらない」という基本理念を理解はできるのだが、自分ばかり責められているようで好きになれなかった。

婦人学級に参加

一九八〇年から三年間ぐらい続けて、地域の公民館で婦人学級を受講した。当時下の子が小学校高学年になっていた。ＰＴＡではあき足らず何かを探していたときに、公民館の「女性の自立と社会参加」というキャッチフレーズに惹かれたのだと思う。講座の内容は、女性のライフサイクルの変化を導入にして、期待される女の生き方と矛盾、性別役割分業のみなおし、女の幸せな老後のためになどであった。

講座の進めかたは、講義だけでなく話し合いをすることと、当番を決めて記録や司会をすること、講座のなかで仲間作りを心がけ、終わったら記録集をつくることなどが、最初の段階から意図されている。そしてできたら自主サークルの誕生をうながし、しばらくは運営を見守ることが婦人学級の典型的パターンであった。

二年目の講座が終わってから、受講者が話し合いをもった。多くの人が高齢化の問題を身近であると考えていることがわかり、「高齢化社会の問題を女性問題として考える」というようなスタンスでできたのが「さざなみ」というサークルである。このサークルは二〇年ぐらい続いたが今は解散し、おしゃべり会になっている。

この講座に参加して、「家事育児だけで自分は満足できない。それは自分の気持ちの持ちようではどうにもならない」という思いが、私に原因があるのではなく、社会的、構造的なものであるということを知ることになる。それから様々な講師の女性問題に関する講演会を聞くようになった。

「藤沢デー」の企画

一九八二年江ノ島に、神奈川県立婦人総合センターが開館し、開館記念行事の「藤沢デー」の企画に参加することになった。一日全館を地元の藤沢市に提供するもので、私はサークル「さざなみ」の代表をしていた関係で声がかかった。

この行事は、市内の様々な婦人団体を網羅するもので、労働、健康、福祉、教育、家庭、社会参加の分野の人が参加していた（もちろん市の関係課も入っている）。この行事全体のテーマは「潮風にはばたけ自由の翼」というもので、シンポジウム、コーラス、映画、スポーツの講習、食べ物や作品の展示販売などがあった。

私はシンポジウムの企画運営に携わった。テーマは「二一世紀に向けての男と女の生き方」で講師は青木やよい、白井厚、神田道子、松原純子、富田静子の五人であり、富田さんがコーディネーターをつとめた。

このときのまとめの冊子を最近振り返って見て驚いたのが、午前の分科会の参加者の多さである。子育て（四六人）、家事労働（二八人）、老後（八八人）、仕事（七三人）、全体会の人数は記録されていないが、大ホール（五〇〇人規模）にふさわしい参加者があったように思う。この冊子の最後には「婦人に対するあらゆる差別の撤廃に関する条約」が掲げられており、当時の意気込みと熱意が感じられる。

婦人問題研究会

一九八三年、藤沢市の社会教育課が主催する「婦人問題研究会」が始まった。この事業は、各公民館（当時は一一館）の婦人学級でひととおり婦人問題を学習した女性たちが、次のステップとして、実際に自立や社会参加のための継続学習を行う場として実施されたものであり、それから二年間、週一回に近いペースで開かれていた。

学習のテーマは、「女性の自立と社会参加をすすめるための私たちの行動計画」というものである。最初は班に分かれて話し合って問題を拾い出し、後半は全体で話し合いながら課題を整理していった。学習は次のような順序で進められた。

（1）　自立と平等な社会参加を阻害しているものを洗い出す

（2）　阻害される原因は何か、その根にあるものはなにか

（3）　根が具体的場面でどのように自立や平等な社会

参加を阻害しているのか
（4）問題を解決するために何を学習したらよいのか、どう自分が行動したらよいのか
（5）婦人問題を解決していくための私たちの行動計画をつくる

	学　習	行　動	社会システム
自己の意識			
家庭内の要因			
社会的要因			

まとめの冊子から「女性の自立を阻害している原因の根にあるもの」に挙げてある項目を取り出してみよう。

性別役割分業観、家父長的意識、男女差別、自立性の欠如、伝統的考え方、社会慣習、打算的考え方、日本型労務管理、経済優先の考え方、生活の孤立化、社会的システムの不足。

この一一項目は、女性の自立を疎外していると思われる身近な事柄から出発しているので書物にあるように整理されていないけれど、「打算的考え方」や「生活の孤立化」などユニークな項目が入っている。「私たちの行動計画」はこの一一の項目に分類され、その項目ごとに上のような表にまとめられている。

身のまわりの事柄から問題を見つけて、原因を探り組み立てなおし解決策を見出していくために、とことん話し合う必要があった。そのときの気持ちを「これはとりもなおさず、自己主張をしない、まわりに合わせる、責任をとりたくないという婦人問題の阻害要因そのものとの戦いでもありました」と私は感想文に書いた。

この研究会は後半（一九八四年）子育てをしながら働いている女性（保育園へ子どもを預けている人）の意識調査を行っている。女性にとってもっともむずかしいのが経済的自立であり、職業をとおしての社会参加であるという認識から、働き続けている女性の状況を知ることで自立を阻害しているものの実態がよりわかるようになると考えたからである。

この学習には、お茶の水女子大の大学院生が助言者として来てくれた。設問の作り方、クロス集計やまとめの

出し方など、それまで気楽にやってきたことをひとつずつ考えていく過程は大変勉強になった。

実際に藤沢市が「婦人行動計画策定のための審議会」を作ったのは一九八六年一一月だが、このグループからも何人か審議会に入っている。その後藤沢市の社会教育課は女性問題に関して、公民館での学習と次のステップとの二段階の学習機会を提供してきた。短大でのオープンカレッジは、その流れから二段階目の学習として実現したのだと思う。

その他の活動

藤沢グーの企画と婦人問題研究会への参加によって、私は市内の多くのグループの人たちと知り合うことができ、その後様々な活動に参加することになる。地域の公民館での活動は、夫や子どもが不在のときに参加したが、次第にそれができなくなり、家族との関係も徐々に変わっていった。夫がわりと定時に帰ってくるので、妻の外出について向き合わざるを得ないからである。

体験したことを思いつくままに並べてみると、女性を市議会議員にと柳谷亮子さんを応援したこと、上野千鶴子さんの「資本制と家事労働」の勉強会に参加したこと、市長選を応援したこと、神奈川女性会議の広報誌作成に参加したこと、女性行動計画を作る審議会の専門委員になったこと、そして学習グループ連絡会を立ち上げたことなどである。

学習し始めたころは、問題を女性全般に共通する課題として捉えることができた。しかし続けていくうちに、人により少しずつその違いがあることが明らかになった。とくに経済的自立に関しては様々な意見があった。

(1) 経済的自立は女性にとって必要なことだが、専業主婦でも社会に貢献している

(2) 自分の生き方を、活動専業主婦とプラス方向に認識している

(3) 会社に奉仕するばかりの働き方をするよりむしろ、地域にあって活動するほうがよい

(4) 夫に養われている身分は、自分の心や行動が制限されるから、何とかして収入を得たい。女性は経

済的自立をするように努力すべきである
当時、講演会などで出会う評論家や学者は、（1）の立場が多かった。平日の昼間の講演会ではお客様が専業主婦だったということもあるだろう。私は（4）の考え方で、夫はそれほど規制するわけではないが、自分のやりたいことが充分できないような気がして落ち着かない日々を送っていた。

その後週三回のパートで働いた。午後三時から八時ごろまで勤務の日があって、そのときの夕食を思いがけず夫が作ると言いだした。はじめは献立、買い物、下ごしらえまで私がして、あとは焼くだけ、揚げるだけにして出ていたが、一年ぐらいで次第に慣れて買い物から一人でできるようになった。このときから夫との関わり方が幾分楽になった。

当時の仲間は今も活動を続けている。それぞれ基礎になるサークルを維持しながら、藤沢市女性学習グループ連絡会や、神奈川女性会議の重要メンバーとなっている。平和活動に打ち込み、毎年平和のためのミュージカル運営にたずさわっている人もいる。常日頃から市議会議員や国会議員の応援をし、選挙のときはとくに熱心に活動する……などなどである。

私はそれから、パートをしながらもいくつかの活動に加わった。職場を変えて、九時〜五時、週四日の勤務につくようになってからはほとんど活動できなくなった。五九歳で体調を崩し、これが定年と自分に言い聞かせて仕事をやめた。そして体調不良でもできることはないかと探していたとき出会ったのが、短大のオープンカレッジだったのだ。ここで、今まで学び活動してきたことの整理ができ、フェミニズムの新しい話題に出会うことができた。

オープンカレッジの次にゼミ、自主ゼミと参加し、もう九年目になる。女性学を学んで最初のころは多くの受講生が、目からうろこが落ちた、皆同じ悩みを持っているのだ、その悩みを女性学は理論付けてくれると感激していた。

しかし次第に人により考え方、行動の仕方が違うことが見えるようになった。女性学はとても広い分野にわたるものだから、自分の関心の強いところ、自分の活動できる分野でかかわっていけばよいと思う。そしてたとえば「ジェンダーにとらわれない社会をめざす」というような基本的なことに賛同する人々とゆる〜い連帯を組んで、できるところは協力し、お互いに励ましあって活動していきたいものだと思っている。

第2章 オープンカレッジというところで

女性学を学んで

家永幸子

とまどい

私は二〇〇三年「オープンカレッジ女性学」の講座を受けていました。

ある日「個人の基本的人権」について勉強し、家庭における男女平等の実現をめざすものでなければならない、として、一九九四年国連が「国際家族年」を提唱したと教わりました。そのなかで夫婦間の呼び名について話し合いがありました。それまでは普通に「主人」がとか「うちの旦那様」がと人前で話していました。これは、男女平等ではない。夫婦は対等で個人の基本的人権を尊重しなければならない。これからは夫、妻と呼ばないとおかしい。だがはたして急に、またスムースに口から言葉がでるだろうか？
「夫、夫、夫」、家に帰ってから一人で声に出してつぶやいてみる。最初は小さい声で、だんだん大きな声で言ってみる。よし私も「女性学」で、いろいろなことを学んできた、これは絶対に直してみなければと、そして、今度は友人達の前でためしてみよう。

その後、友人に会ったとき、おもいきって言ってみた。「私の夫が」と言ってびくびくしながら友人の反応をみる。友人も「あれー」という顔をして私をみつめる。そこで、「これからは夫婦の間でも、男女平等なんだから、私は変えることにしたの、あなたも少し考えてみてね」。すると友人が「女性学を学ぶと貴方も変わるのね。私もやってみるわ」と言ってくれた。

私も心のなかでまず自分が先に変わり、そして、みんなに伝えなければと思った。あるとき、ふっと頭のなかに、今から二〇年ぐらい前に私がアルバイトをしていたときのことが思い出された。私達の課に四人の主婦が働いていた。そのうち私を含め三人は四〇代〜五〇代、一人は二〇代だった。そのうちの二〇代の彼女がいつも「夫」が、「夫」がと話すので私達はおもしろくて、彼女のことを「おっとさん」とあだなをつけて呼んでいた。けれど、彼女はなにをいわれようとも、「夫」という言葉を守って話していた。

今はたと、そのとき彼女は正しかったのだ、私たちが旧い習慣のままにあまんじていたのだったと気づいた。直すのは私達三人である、今になって気づいた。彼女に申し訳ないことをしたと、心のなかでわびた。やはりこれも「女性学」を学んではじめて本当のことがわかったのである。ささいなことと思われるかもしれないがこれが第一歩で、どんどん新しい自分にうつりかわっていくのではないだろうか。

ゼミに参加して

二〇〇四年度、「女性学」の修了者は「ゼミ」に参加できると聞き、どういう授業なのか不安に思いながら参加した。

前期の授業は『フェミニズムはみんなのもの』ベル・

フックス著、次に『当事者主権』中西正司・上野千鶴子著を勉強することになった。

この『当事者主権』の本を手にしたとき題名がピーンとこなかった。そして帯には「当事者が社会を変える」と大胆な提言が書いてある。今までの自分のなかでは、高齢者、障害者、患者、不登校者には健常者が、やさしく、めんどうをみてあげることと思っていた。

だが、この著者の一人の中西さんは二〇歳のときに交通事故にあい受傷し、四肢麻痺になっている。本人も最初は医者、家族、周りの人達の意見に従っていた。けれどこれはおかしいと気づきこれでは当事者の権利が奪われている、「私のことは私が決める」という当事者主権を要求し始めた。目的は障害者の自立支援である。そこで自立をめぐるパラダイム転換を行う。新しい社会運動の波のなかから生まれた、フェミニズムと呼ばれた女性運動も同様にパラダイム転換を求めたものだった。

この運動は弱者救済運動ではなく、当事者の自己解放運動だったことである。地域に密着したヒューマンケア協会という自立生活センターを作り、当事者達が自分達でやれることはやり、自分の意志で医師、家族、周りの人達に伝え、介護を受ける側も変わり、介護をする側も変わって初めて社会が変わるのだと書いている。

障害者になって

この『当事者主権』の本を勉強しているときに私の身に変化がしょうじた。

ある日、毎月病院に通っていた医師から、突然貴女の足はもうなおらないから、身障者の手続きをとりましょう、といわれ用紙を渡され、市役所に手続きに行った。私は以前「脊髄の手術」をして神経を傷めていた。もう私も六〇代後半だから、少しずつ悪くなってもしょうがないと思った。

それからしばらくして、私の手元に身障者手帳が届いた。私はしばらく、じっと身障者手帳を見つづけていた。なにか胸のなかから熱いものがこみあげてくる。しばらくして、思った。

「私はもうみんなとは違う人間になってしまった、周りの人達が普通に接してくれるのだろうか」、みじめな姿が目に浮かぶ、いっそこのままどこかへ消えてなくなりたいと考えたりした。しばらくして、はっと我にかえった。

なんで、そんなこと思うの、まえの私とどこが違うの。ただ足が不自由なだけで、あとはなんにも変わってなんかいないじゃないの。今短大で勉強している本の著者も『五体不満足』の著者の乙武さんも、そのほかのみんなも元気にどうどうと仕事をしながら、ガンバッテいるではないの。

私は自分が恥ずかしかった。本当は私の心のなかに障害者にたいする差別があったんだと、思いしらされた。「貴女は女性学で、何を勉強してきたの」と小松先生からいわれているような気がした。もし私が「女性学」を勉強していなかったら、暗い生活を送っていたかもしれない。

「ゼミ」の授業は本を中心としながらも、そのときの社会情勢、自分の考えなどいろいろ意見を自由に話すことができる。そして、わからないことも教えてもらえる。私は今思えば「女性学」、そして、小松先生、クラスの皆さんと接することができたので、心のゆとりが、生まれているのだ。ときどき交差点の歩道を渡っているとき、右折車のなかから「もっと早く歩けよ」といわんばかりの視線をあびる。そんなとき心のなかで「だって早く歩けないんだもん」といって最後まで、どうどうと渡りきる。

このような毎日をおくっていられることは、「女性学」で学んだことが私を強くしてくれたんだと思う。

無防備地域条例の制定を求める署名活動

二〇〇五年一月にゼミの一人が藤沢市無防備地域条例の制定を求める署名活動に参加することになり、ゼミの人達で「水曜キャラバン」と名付けて、駅、スーパー、個人宅、商店街などで、署名活動を始めた。私もいつのまにかその渦のなかに入り、微力ながら、とても楽しいときを過ごした。

このとき、思ったことは、女性パワーのすごさ、活動している人達も、ほとんど女性、また署名してくださった方も女性がとても多かったと思う。この藤沢市の女性パワーが行政にむかって、男女共同参画をめざし、新しい藤沢市を創っていくことにつながるのではないだろうか。

二〇〇五年四月からも「ゼミ」に参加しながら、また二〇〇四年度のゼミの仲間で作ったメーリングリスト「憲法」に参加し、藤沢市基本条例の制定を見守っていくことにしている。私は「女性学」を勉強し、またゼミに参加できたことにより、日本の女性だけでなく世界の女性達がいままでいばらの道を歩んできたことを知り驚いた。

今回本作りに参加したことで多くの先輩達に出合い、皆さん「女性学」を生かしいろいろな方面で活躍していることは、小松先生がおっしゃっている、「女性学は、実践と結びつかなければ何にもなりません。知識と実践、そして経験の伝達」という言葉を行動に移しているのだと知ることになった。

私も先生のこの言葉を心のなかに入れて一歩一歩歩んでいけたらいいと思っています。

女性学との出会い、そして変化

服部富士子

ほうれんそうの「正しい」下ごしらえ方法？

ほうれんそうの調理をするたびにふと思い出されるのは、かれこれ二〇年以上も前に新聞で目にした投書だ。そこには、ある女性がほうれんそうの下ごしらえ方法を巡って抱いた疑問が記されていた。およそ、ほうれんそうの下ごしらえと言えば、泥をよく洗い落とし、根に十文字の切り込みを入れて茹でるのが一般的な方法だろうと思うが、その女性の場合、まず泥のついている根元部分をすべて切り落としてばらばらにするという。なぜならこのほうが茎を掻き分けて根元を洗うより簡単に泥を取り除けるうえに、茹でた後すぐに調理できるので水や手間も大幅に節約できるからだ。女性はこの方法に大いに満足していたが、あるとき、娘さんが家庭科の時間にこれを披露したところ、先生に「それはおかしい」と一蹴されてしまったとのこと。これに納得のいかない女性は、多少、栄養価が落ちようとも忙しい家庭にはこういう方法もあると認めてはもらえないのか？と疑問を投げかけていたのだった。

私がこれを初めて目にしたのは、夫の異動先の関西で二歳児と新生児を抱え孤軍奮闘していた時期だったが、しかし、このときはどうにもこの女性のやり方が受け入れられず、「栄養のある赤い部分を切り落としてしまうなんて！」「親が娘に手抜きを教えるなんて！」と、我ながら驚くほど批判的な感想を抱いたのを覚えている。思えばそのころの私は、一時が万事そんな調子だった。とりわけ育児に関してはなぜか「失敗は許されない」という観念にかられ、何かと言えば育児書などで得た「正しい」方法に頑なに固執し、それを実践しないと落ち着かなかった。

私に生じたある変化

それが、いつ頃からだろう？ 気がつくとそんな自分の頑なな態度にはっきりと懐疑の念を持つようになっていた。このほうれんそうの投書に対してもいつしか「そんな方法もときにはよいかも……」と考えられるようになり、それまでの偏狭な考え方を不思議がる「新しい私」がいることに気付いた。

そう、私は気付いている。その女性が実践してきた方法をも含めた多様な方法を、そのときどきの状況により当事者自身が自由に選択してゆける状況があることこそが大切なのだということ、そして、じつはそれがとても心地よいものだということに。また、以前の私のようにいわゆる「一般的な」「正しい」通念といったものに縛られ多様な意見を素直に受容できない姿勢が、自分自身を縛ってきただけでなく、マイノリティに対する差別につながりかねない恐ろしいものであったということにも……。

女性学との出会い

こうした自分に生じた変化についてふり返ってみると、いくつかの理由が思い当たるが、とりわけ二年半前（二〇〇三年四月）に湘南国際女子短期大学オープンカレッジで初めて出会った「女性学」に負うところが大きいと感じている。このころから、それまで何となく心のなかでわだかまってきたものの正体が少しずつ明らかになり、自分でも意識できるほどの変化が徐々に心のなかに生じ始めた。

もっとも、受講当初については、回を追うごとに次第に混乱を深めていったと言うべきかもしれない。というのも、私は女性学が何たるかを知らず、受講動機も単に「短大で何かを学びたい」という極めて曖昧なものであったからだ。それだけに最初のうちは毎回、それまでの固定観念を覆されるような刺激を多く受けてひたすら驚きの連続であったのだが、今もその驚きは失せないどころか、日々新しい気付きの連続だ。そもそも、それまでの私にとって「学ぶ」ということは、どこか自分とは懸け離れた遠い世界の「優れた」概念を自分自身に取り入れ、吸収することであったように思う。それなのに、この「女性学」というのはいったい何なのだろう？

まず、私がしなければならなかったのは、自分自身と対峙することだったのだ。講師の小松先生は、「性差」「ジェンダー」に始まり、「避妊」「中絶」「出産」「不妊治療」「生殖テクノロジー」「DV」「夫婦別姓」「結婚」「女性と労働」等々、様々なテーマについて、過去から現在にかけて国内外で起こっている事実を、毎回、客観的に様々な角度から幅広く提示してくださったのだが、そこに明確な「答え」やイデオロギーが見当たらないことに当時の私はとてつもなく大きな戸惑いを覚えた。しかし、やがて、どのテーマも誰かに寄りかかって判断を人任せにしているうちはその真の姿は自分の目に映ってこない、「私」という主体が、きちんと向き合ってこそ見えてくるものなのだと気付くにいたった。もちろんそれは、女性学が社会のめまぐるしい変化に呼応するようにして今も日々、現在進行形で語られる類の学問であり、また、「行動する人たち」によって常に新しい変化が生み出され続けているものだからでもあるのだろう。とても新鮮な気がした。

女性学から程遠いところにいた私

一方、それまでの私は、意識して「女性」の視点に立ってものを考え、それを自ら表明したり主張したりすることなど、ほとんどと言ってよいほどなかった。もし、それをすれば、男性の面目を立てよ、と無言の要求をする周囲との間に軋轢が生じるだろうことは幼少のころから何となしに予測できたし、そんなリスクを負うぐらいなら多少の居心地の悪さぐらい私が我慢すればいいんだ、と無意識のうちに考えていた。結局、いつも「私にはどうしようもないこと」として何となく自分の心のなかで処理する方法を身につけていたように思う。

しかし、女性学に出会い、これまで自分が「どうしようもないこと」と思い込んできたことは、決してどうしようもないこと、変えられない類のものではなかったことに気付く。当たり前の権利を当たり前に主張できるのだ、という驚き。実際にそのために闘ってきた人々が数多く存在するという事実。さらに、改めてはっきりしたのは、私がこれまで漠然と抱いてきたそういう諦めにも似た意識が、いかに女性差別に加担するものであったかということだ。こうして女性学を学べば学ぶほど、過去から現在に至る自分が、真っ向から「本当にそれでよかったの?」と、問われているような気さえしてくるのだが、それでも(否、それだからこそ)とにかく学び続けてみようと思った。

学び合い

しかし、行けども行けども奥が深い。そこに吸い寄せられるようにして、昨年度(二〇〇四)はオープンカレッジ・ゼミに参加し、アメリカで人種、階級、ジェンダーなどの書を書いて高い評価を得ているブラック・フェミニストのベル・フックスの著書や、中西正司・上野千鶴子著の『当事者主権』、ドイツの社会学博士で国際的に活躍するフェミニストのマリア・ミースの著作など、独りでは読破できそうもない本を先生やゼミの仲間と読み合うという体験をした。これらの本から新たな発見を得られるのはもちろんのこと、先生や仲間と忌憚のない意見や疑問点を交換し、論じ合い、分かち合ってゆくなかで、時として自分が陥りがちな「偏狭さ」という溝から引っ張りあげてもらうような体験もあって興味深い。

また、先生や仲間とのメーリングリストでは、日々、ホットな疑問や新鮮な話題、経験談や問題に対するアプローチ、アドバイスなどが活発に飛び交っており、こちらからも目が離せない。こうして幅を広げながら女性学を学び深めてゆくことは、私にとっては単に新しい概念や未知の真実に出会うだけに留まらず、それまで自らの経験のなかで断片的に見聞きしてきた事象や抱いてきた数々の疑問点が、しっかりとした太い「線」で結び付けられてゆくような体験でもあり、思わず「そういうことだったのね！」と膝を打ちたくなってしまう。そんな発見と刺激に満ちた空間とつながりがここにはあった。

さらに〇五年度は、引き続きマリア・ミースの著作『国際分業と女性—進行する主婦化—』（日本経済評論社刊、一九九七年）を読むグループに加わっている。この本の初版（原書）発行は一九八六年、つまり今から二〇年近く前だが、今や世界を包み込む国際資本の開発と発展の裏でどんなことが起きてきたか、ことに第三世界、女性、自然に対する数限りない搾取が現在にいたるまでいかに行われてきたかを明らかにするとともに、この過程で「資本主義的家父長制」経済を水面下で担うべく誕生した「主婦」（ミースがいう主婦とは、いわゆる専業主婦だけを指すのではなく、安上がりな非正規雇用に囲い込まれた補助的労働者をも含む）が、全世界的な傾向としてますます必要とされ続け、なおもこの経済システムのなかで体よく搾取の対象とされていくだろうと述べているのだが、この鋭い指摘に、私はただただ驚かされている。

と言うのも、それまでの私の実感としては、たとえば日本では男女雇用機会均等法施行後二〇年を迎える現在、二〇〇四年の総務省統計も示すようにサラリーマン世帯のうち共働き世帯の数は九六一万となって専業主婦世帯数（八四三万）を抜くなど明らかに女性労働者の数は増え続けているので、この先ますます女性の社会進出が進み「主婦」は衰退してゆくだろうとの読みがあったからだ。しかし、一見やや上向きのように見える経済状況を俯瞰しつつ女性の労働実態によくよく目を向けるならば、労働者全体における非正規雇用労働者の占める割合の増加や、それに伴う低賃金、低条件での労働の拡大など、実際、女性の働く環境は好転するどころか悪化しており、まるでミースの言う「主婦化」の状況を実証しているかのようである。こうした「主婦化」が洋の東西を問わず世界的な傾向として、やがては男性にも広がりつつ進行してゆくという著者の考察に、現在は「主婦」の立場でもある私としては、ますます深い溜息をつかずにはいられないのだ。

　そんなわけで近頃、青々とした安価なほうれんそうをスーパーなどで見かけると、つい私の頭に浮かんでくるのは、もはや下ごしらえの方法云々ではなく、農薬使用の問題ばかりでもなく、いったいこの非常に安価なほうれんそうがどこで、どのような人々の、どのような労働によって生産され、その利益部分は誰に、どのように分配された結果、ここに並んでいるのだろう？という疑問なのだ。

今、そしてこれから

　このようにして女性学との出会いを通じ、これまでとは違った目で私自身の頑なだった「これまで」や、迷い多き「今」を見つめる機会が得られたことを心から嬉しく思うとともに、小松先生やゼミ仲間のおかげで遅まきながら関心が自分の内的世界だけに留まらず、外へ外へとゆっくり向き始めていることも感じる。この先も「知らずにいる」ことの怖さにおののきつつ、またときには多様な事実を見誤らずに把握することの難しさを嘆きつつ、私はなおも女性学とつき合い続けてゆくだろう。そして、女性学もまたそんな私に対し、容赦なく考えるべき問題やテーマを与えてくれるに違いない。いささか怖くもあるが、しかし、果たしてどれだけたくさんの「気付き」を得、さらなる変化が生まれてくるのか、とにかく楽しみにしていようと思う。

仲間に出会って、本当の自分に出会って

尾島せつ子

迷い

別に仕事に夢中なわけでもないのに私はなかなか結婚できなかった。それなりの辛抱と努力が必要だがそれに見合う成果が得られる職場と、快適な一人暮らしをリセットしてまで、他人の世話をする気にはどうしてもなれなかった。それまで進学、就職と「外さず」「いい子」でやってきたけれど、何となく窮屈さも感じていたので、「嫁き後れ」てしまったのはやっぱりやって（外して）しまったかという気持ちがあった。親の圧力や世間の冷たい目も「フーン」とある面とても興味深く、こちらも冷めた目で見ていたが、一方で罪悪感と劣等感は確かにあり、そしてなぜそんな気持ちをもたなければいけないのかという怒りに悩まされた。

その後自分のことは自分でやる主義の夫と出会い、遅ればせながら結婚し子ども二人抱えて共働きしたものの、いろいろあってヘトヘトになり退職。「子ども」が免罪符になるかと思っていたらとんでもない。一人でいたときに感じたもののすべてが数倍になって押し寄せてきたようで、もう「フーン」などと思う余裕もなく、自分のなかでまったく収拾がつかなくなってしまった。以後、半ば引きこもり状態で専業主婦をしてきた。いつまでも家のなかにいたくないがどうやって外に出ればよいのかわ

からない。外へ出てまた折り合いをつけてやっていく自信も気力もなかった。

「女性学」関連の本や育児雑誌を読むと、私と同じような罪悪感や劣等感などをもつ女性の悩みが出ていたり、母親仲間の会話にも垣間見えることがあった。みんな同じと言われても、「どうしてなのか」「どうすればいいのか」わからない。「それ」についてどう話せばいいのかがわからないから、本当にみんな同じ気持ちかと疑いたくなる。もう一度外へ出るためには「女性学」が助けになると思ってはいたが、オープンカレッジ「女性学」を受けるまでずいぶん迷った。「ジェンダーにとらわれず私らしく生きる」というが、ジェンダーを強要している社会のなかでジェンダーから自由になれるのか？「私らしく」の「私」って、自分が変わってしまったらどうしようという怖さもあった。本を読んでもどうにもすっきり納得できないところがあるのも「女性学」に踏み出せない理由だった。

「オープンカレッジ」のチラシを見てから三年後（退職してから五年後）の二〇〇三年、ぐずぐず悩むのに疲れたのと、本当に外に出られなくなりそうな恐怖感で思い切って受講を申し込んだ。

オープンカレッジ「女性学」を受ける

オープンカレッジ初日から夢中になった。一年間通えるだろうかと心配していたが、受講生同士仲良くなってくると、講義を聴く楽しみに仲間に会う楽しみも加わり、楽しい楽しい一年だった。講義の後、そのまま学食でランチをとりながら聞いたばかりの話に盛り上がったり、図書館ではどの本を読もうかとわくわくした。テスト前には真剣に勉強し、レポートも書いて「いくつになっても学べるものだ」と感動した。テストの日に直前まで問題を出し合ってわいわい騒いだり、子どものころに戻ったようだった。

毎週講義を聞いているうち、何か変だなあ、いやだなあとずっと思っていたのは私の思い過ごしではなくてやっぱり変だった、その後ろには「男性支配」「家父長制」のからくりがあると確信できた。「性差」の講義で性同一性障害の人が、男か女かどちらかに印をつけさせられるのが苦痛という話を聞き、そういえば「女」と印をつけるとき、私は何となくいやあな気持ちになっていたことに気づいた。なぜいちいち申告させられるのだろうと思っていたのだった。そうか、やっぱり変なのだ、変と思っていたことは苦痛、差別ということだったのだ。男か女かどちらかに分類することは、家父長制に必要だった。以来、印をつけるのを止めた。

一人で本を読んだときにはたぶん正しいと思っても納得できなかったこと、うすうす気づいていたことも、教室で聞くと「やっぱりそうか」と納得できた。一緒に「ウン、ウン」とうなずいてる人たちがいるからなのだと思う。それまで抱えていた罪悪感もきれいさっぱり消えてしまった。家父長制に合わせられない私が悪いのではない。社会のシステムが私のためにできていないのだから合わなくて当たり前。小さい靴は履けるわけない！と、とても楽になってしまった。

オープンカレッジで先生の話のなかにときどき自分で言えなかった気持ちが言葉になって出てきて、こういうことだったのかと感激することは幾度もあった。

じつは私は「ドラえもん」が苦手だ。何が気に入らないのかわからないが子どもに見せたくない。そのせいで国民的人気者の「ドラえもん」をあまり知らない子にしてしまったとひそかに悩んでいた。が、「『ドラえもん』には必ずしずかちゃんをのぞくシーンがある」という話が出てすっきりした。あのシーンが許せない、わざわざあのシーンを入れる作り手の姿勢、受け手側の気持ちが我慢できなかったのだ。私が娘たちが、のび太君に世間にのぞかれる対象になっていることが腹立たしかったのだ。

もやもやしていたことが言葉にできると形がはっきりするし、人と話し合えるようになる。でもレポートを書いたときに思い知ったが、私には言葉が足りない。もっと言葉が欲しい、話がしたい、まだもやもやがいっぱい残っている。それに罪悪感はなくなっても、どうやって外に出ればいいのかまだわからず、翌年（二〇〇四年度）はゼミに参加した。

ゼミに参加

ゼミの初日、前年（二〇〇三年度）一緒にオープンカレッジを受講した二人以外は先輩であり、初対面だったが、「ここにいたのね、やっと会えた！」と思った。

「女らしく」生きるのが苦痛でない人、生きなければいけないと思い込んでいる人に滅多なことは言えない。退職してからは母親同士の付き合いばかりになっていたから、さらに気を遣わなければならず人付き合いを避けがちだった。でもここで、ようやく私と同じように「変だ」と思い悩み、「何とかしたい」と思う人たちに会えた。ここでは何を言っても「変わり者」扱いされない、私と同じことを考えていた人がいると喜んだり、ときにはいったい何を言っているのかよくわからなくて途方にくれたり、面白くて仕方がない。言いたいことはなかなか思うように言えるようにならないけれど、とても安心していられる。前年度の講義形式よりじっくり考えられる（考えさせられる）ので、わかったつもりのことにもっと先があったと、どきっとしたり、また謎が解けたと嬉しくなったり。

ゼミでは、仲間内だけでなく外部に向かっても、自分がおかしいと思ったことを相手に伝えるよう先生に勧められる。仲間がある記事について新聞社に、「女性差別だと思う」「おかしい」と電話した話に最初は驚いた。そういうことをするのは「特別な人」だと思っていたから。

私だって言いたいことはしょっちゅうあるが、テレビや新聞紙に向かって文句を言っていた。ある日、娘の中学校の話（間接差別の疑い）をしたら、「言ってみたらどうですか」と先生に言われて引くに引けず話に行った。中学校の教師が真剣に聞いてくれたのはありがたかったが、言い方は下手だし緊張してしまって、うまく伝えられなくてがっかりした。けれど先生にも仲間にも「言いに行ったこと」を良かったと励まされ、勇気ある自分を誇らしく思った。「言いに行くことが大事」。仲間が勇気を出して一生懸命自分の意見を伝えようとした話を聞き、尊敬し、いとおしく思う。初めから上手にできるわけがないのだから、実践あるのみ、そのうちきっとうまくなる。

市民運動に参加して

楽しいゼミが終了したころ、思いがけず全員で「藤沢市平和無防備地域条例」制定運動に参加してしまった。街頭で署名集めをしたり、市議会議員と話し合いをしたり、生まれて始めて市民運動に関わった。街頭で見ず知らずの人に声をかけ署名をお願いするのは、とても勇気がいる。無視され続けいい年をして涙が出そうになるが、必ず署名してくれる人が現れ、今度は嬉しくて涙ぐむ。

生きにくいのは私だけかなあと、一人ぼっちで荒野に立っているような思いがしていたけれど、「女性学」のおかげで仲間に出会えたように、どの問題の場でも必ず同じ思いの人に出会えるということなのか。就職して社会人になったと思っていたが、今回自分が初めて社会のなかにいるのを実感して、今までどこにいたのだろうと不思議な気持ちになった。見るとゼミの仲間もなかなか署名がもらえず苦戦中、めげずに頑張り署名をもらってとても嬉しそう。こんなに友人を尊敬し、いとおしく思ったことは今までなかった。条例は残念ながら制定できなかったけれど、私は市民運動もできるのだ、と不思議な感動。今も署名集めをした場所を通るとき、とても懐かしく誇らしい気持ちになる。

運動中新たに知り合いができ話をしたとき、それまでと違う向き合い方をしている自分に気づいた。人と意見が違ってもどっちが正しいのか決めない、不愉快なことを言われても「家父長制的考え方」だと意識すると前より自分のなかでうまく受け止められる、「変わった意見」と思われても前ほど動揺しない。

大丈夫、外に出ても立っていられる。それに今度は挫けそうになったら励ましてくれる友もいる。

私と仲間が社会を変える

私が自分の意見を伝えていいとわかってから、社会を変えるのは私なのだと思えるようになった。誰だか知らない人が社会を変えるのではなくて、私も、子どもも高齢者も障害をもつ人もみんな自分の意見を言って生きやすい社会にしていく。だから、徐々に、でも絶対に生きやすく変えられると思う。「変だな」「いやだな」と思う気持ちを大事にしていっていいし、他の人の思いも大事にしていけばいいのだ。

「女性学」の本を読んですっきりしなかったのは、「どうすればいいのか」教えてくれないからだ。ここまできて、それは誰も教えられない、私がどうすればいいのか決められるのは私だけだから、他の人は言えない、ということがわかった。教えてもらおうと思ってきたのに、「あらま!」だ。それに、女だから差別されていると言っても、専業主婦の私は差別する側にも立っているのが、前よりもっとはっきりした。まだ足を踏み出せないけれど、スタート地点に立てたような、どっちに向かうか決められるような気がする。一歩も二歩も先を行くゼミの先輩たちとの出会いがさらに力になると思う。

自分が変わるのを怖がったり、社会を変えられるのかと疑う一方で変わった社会なら生きやすいのかと不安に思っていたが、そんなことを考える必要はまったくなかった。「女性学」を学ぶと仲間に出会えて一人じゃなかったと安心できる、仲間の励ましで自分に自信を取り戻せる。自分も社会の一員なのだ、社会を作っていけるのだと思える。私は今までの私とは違うけれど、それは新しい私というよりいつの間にか見失ってしまっていた本当の私、ゼミの仲間に会ったときのように「私」にも「ここにいたのね、やっと会えた!」と言いたい。

女性学は生きがたさを読み解くカギ

宮坂正子

保育付き女性セミナーへの参加

結婚してからというものは、夫の転勤に伴いながら家事育児の全責任をひとえに担ってきた私だったが、なぜか空しかった。結婚すれば私は当然良き母となり、夫とともに楽しい家庭を築いていけると思っていたが、現実は違った。社会から切り離された家の中で、たったひとり、孤独も感じるしイライラしていた。そんなおり、藤沢に引っ越してきて、ふと遠藤公民館の保育付き女性セミナー（一九九四年一〇月〜一二月）に参加してみようと思ったのが女性学との出会いだった。

講師は教育ジャーナリストの青木悦さんだった。青木さん自身、いっとき専業主婦でいたときがあったが、子どもが熱を出してハラハラしているのに、夫は趣味の野球をしに出かけていってしまったときのことを話された。夫の帰宅を待つ妻をよそに、あろうことか、夫は仲間と酒を飲んで遅く帰宅するやすぐ寝てしまった。自分はぐずる子どもを抱いて寝るに寝られないのに、夫はゴーゴー寝ている。その夫を見るにつれて腹が立ってきて、「そんなに酒が飲みたいのなら、もっと飲め！」と、青木さんは寝ている夫の上にウィスキーをどぼどぼとぶっかけた。そのことがきっかけとなって夫と向かい合って、専業主婦の閉塞感等、よく話をしたそうである。それから夫も変わってきたということだった。

〝選択させられている〟?

「夫とぶつからずして事態は変わらずか」、と思った自分がいたとともに、私を強く揺さぶった青木さんの言葉があった。「皆さんは自分が選択をしたように思っているだろうけれども、実は選択させられている」。〝選択させられている〟? 私はドキッとした。私は結婚したいと思って結婚をし、子どもを産みたいと思って子どもを産んだ。そして、子どもが小さいうちは子どもと一緒にいてやるのがよいだろう。それは皆私が決めたこと、私が「選択」したことだと思っていた。

だから、自分が選択したのだから、現状に文句は言えないと思っていた。が、青木さんはそれが「選択させられている」というのだ。確かに周囲は適齢期がきたら結婚するのが当然だと勧めるし、結婚したらしたで「子どもは?」と聞く。産まない女はどこか異常視されるのである。三歳児神話もある。なるほど、社会には女性に一定の選択を強いる力が大きく働いているのである。また、女手ひとつで生計を立てるのが困難な現社会のなかでは、いわずもがな女性は結婚を選択する。他の選択が事実上閉ざされているのであるから。

それからというものは、私は女性に強いる社会の力の正体とは何だろうかと、公民館の女性セミナーめぐりをするようになった。

ウーマン・リブ運動を知った衝撃

藤沢公民館の女性セミナー(一九九五年三月)で、江原由美子さんのウーマン・リブ運動の講義をうけたときのことも強く印象に残っている。江原さんは運動当時のビラや雑誌を実際に持参して、皆に見てみなさいと回覧して下さった。そこには、おんなたちのナマの叫びがあった。田中美津さんの「便所からの解放」、「男にとって女とは母性のやさしさ=母か、性欲処理機=便所か、という二つのイメージに分かれる存在としてある」というくだりを目にしたときは、便所!かと、寝ても起きても、その言葉が私の頭から離れなかったものである。また『女・エロス』という雑誌を開いてみると、「わたしたち女は、人間である前に女である」とあった。とっさに私は読み間違えたと思った。が、やはり「人間である前に女である」と書いてあり、女である前に人間である、とは書かれていなかった。この強烈な女という言葉に、私は、ウーマン・リブ運動のことをもっと知りたいと思った。そして、自分自身の課題を女性学の視点から研究することを目的に開講された、ふじさわ女性学ゼミナール個人研究—一九九五年四月〜一九九六年三月、藤沢教育委員会—に応募することにしたのだった。

当時末娘はまだ四歳で、私は思うように身動きがとれなかったが、チューター内藤和美さんのもと、日本のウーマン・リブ運動について調査研究する機会を得ることができた。そして、ウーマン・リブ運動の担い手からエネルギーをもらいながら、なぜ私が空しいのか、空しさの中身が見えてきた気がした。このとき内藤和美さんから、「性別役割分担」など、種々の女性問題を考えるために必要な基本的な諸概念と、女性をめぐる現状を教わった。

文句なしにおもしろかったオープンカレッジ

このようにバタバタと女性学をかじってきた私だったのだが、一度体系的に、じっくり、一から女性学を学ぶ時間を持ちたいと思って申し込んだのが、湘南国際女子短期大学の女性学オープンカレッジだった。毎週一回、当然のことながら、同じ時間、同じ教室に身を置き小松先生の講義を受けるわけだが、自分の経験が女性学の概念と関連づけられて、意味づけられていく。文句なしにこの時間はおもしろかった。

たとえば性を二つの性に分ける考え方はごく最近のことであって、古代ギリシャから近代文明まで、性は一つであると考えられていたふしがあるというのである。フランス、一八世紀半ばの人、ディドロは、男性の体の部分を、場所の違いはあっても女性もすべて持っているとし、優劣はつけながらも男性と女性にとりたてて差があるとは考えていなかった。が、一八世紀以降の科学の発達

（解剖学）によって、性は二つとされた。女性は性器が内側にあるから内気で、病気になりやすい。よって、女性には勉強や仕事は向いていないとされた。月経は女性特有の病気で狂気をもたらすものと見なされた。ヒステリーも女性性器のせいで起こると考えられ、そうではないことがわかったのは第一次世界大戦後、戦争から帰って来ておかしくなる男性がでてきて、男性にもヒステリーは起こるとわかったのである。性が明確に二つとされてから、性が違うと何から何まで根本的に違うと考えられ、それが今日まで尾を引きずっているのは、それを支持する社会の思惑があってのことだろう。

私を苦しめた「母性」という言葉

母性という言葉にしても、一八世紀のパリでは、生まれた子どもを母親が育てるのは五％にすぎず、乳母に預けるのが普通だったそうである。産業革命が始まって仕事が外（工場）になると、男は外、女は家となって初めて母性というのが出てきたというのである。日本でも会社に行くのは男性、家にいるのは女性となったときに、母性という考えがでてきたという。生まれるのに立ち会って出産後何か月か育児に携わった人は、父親でも子どもをかわいがることから、母性は学習ではないだろうか。あるいは母性というより親性と言ってもいいのではないだろうか、ということを聞いたときは、そうだったのかと愕然としたものである。

私はどれだけこの母性という言葉に苦しめられてきただろう。「母親なんだから……」と自分に言い聞かせて、自分のやりたいことは常に後回しにし、あきらめざるを得ないことも多々あった。そして何よりも、母性を持つ女ゆえに、子育ての責任をひとりで背負ったのは重かった。

また、個人ではなかなか見ることのできないビデオ教材もふんだんに見せてもらった。女性をめぐる現状はなかなか厳しいものがあるけれど、「いま、男たちが変わりはじめる」というビデオを見せてもらったときには希望が見いだせた。学生も魅せられた様子だった。そこには、ささやかでも二人で収入を入れて二人で家事育児をしていこうという夫婦の姿があった。仕事に飲み込まれることもなく、お互いの生活を大事にし、自分らしく生きる日々があった。

新お産革命「産ませてもらうお産」から「産むお産へ」のところで見たビデオも感動的だった。病院ではなく助産院で産んだ夫婦が紹介されていたが、どんなお産にしたいのか夫婦で決めることができた。お産当日、妻をいたわる夫の優しさや夫婦の共同作業（妻をさする夫自身のお腹が痛くなったり、妻の手を握りしめすぎて助産師が注意する場面があったり）に、私を含めオープンカレッジ生は目頭が熱くなっていた。妹や弟が生まれてくるときにたちあった子どもたちもほこらしげだった。「子育てにもうまくつながっていきますよ」と助産師は話していた。

自分なりに整理できた、自分が置かれている状況

授業は本当にあきることがなかった。これが本来の学習する姿ではなかろうかと思ったものである。学生時代の、自分の経験とは切り離されたところにあった机上の勉強はおもしろくなかった。さらに一年を通して受講する時間が持てたことで、女性をめぐるさまざまな問題には、関連性があり、社会構造的に生み出されているのがよくわかった。女性学オープンカレッジで、私は女である自分の置かれている状況を、自分なりに把握し整理することができたと思っている。大学で一年間、女性学を学ぶことを保証している藤沢市の生涯学習体制は、是非維持していきたいものである。

私は藤沢市に越してきて女性学にふれたわけだが、それまでの私というのは、なぜ自分が良妻賢母に適応できずイライラするのか、それは、私がおかしいからだとずっと思ってきた。女に生まれたにもかかわらず、女の特性を持ち合わせていないから不幸なのだと思ってきた。しかし、女の特性など本来なく、「女らしさ」は社会的、文化的に作られた虚構にすぎないことを知って、そんなものに自分を合わせようとするほうがしょせん無理な話だと思うや、本当のところほっとした。と同時に、「女

らしさ」にとらわれることが、ばかばかしく思えてきた。私が私を取り戻したのだった。

それでは、私は何者なのか、私は私の人生で何をしたいのか。今は、良妻賢母や女らしさという足かせをはずして、本当の自分の欲求によって、自分らしく自己実現をしていこうとしている自分がいる。社会の性別規範をそのまま受け入れ、自分の行動の範囲を自分で限定してきてしまったことは、残念だったが、これからの自分の可能性にかけたいと思う。そして、自分の存在の価値を自分自身で認めたいものである。

女性学を学んでエンパワーメントした私

現在私は、女性学からジェンダーの視点に立ったフェミニストカウンセリングを学んで、大変ななかにも自分らしく生きようとする女性をサポートする仕事についている。女性自身、ジェンダーの縛りから自分を解き放つことの大変さを目のあたりにする毎日である。

女性学の概念は、自分の置かれている生き難さを読み解くカギでもあると私は思うので、是非皆に学んでほしいと思う。何が問題なのか、問題を問題として意識化することができなければ、自分を解放する方向もわからない。

四五歳を過ぎてまた私は働き始めたが、余裕などなく必死だった。家のなかが散らかってくるのを見た夫は腹を立てたが、私は「できないことはできない」と返した。このことばが以前は言えなかった。家をきれいにしておくのは私の仕事だと、どこかで思っていたからである。子どもたちのお弁当も毎日欠かさず作っていた私だが、今は夫が作っている。そのための買い物にも夫は出かけて行く。夜型の私は朝早く起きなくて済むようになり、からだが楽になった。

ジェンダーからやっと解き放たれつつある私であるが、渦中にいたときは夫にとって都合のよい妻であった。社会的文化的性差、ジェンダーに縛られることは、支配、被支配の関係のなかに入ることを意味する。これでは対等なパートナーシップは築けませんね。女性学を学んでエンパワーメントした、私でした。

答え探しの糸口

飯田真由美

学生生活を決意させたオープンカレッジ

私は二〇〇五年現在都内私立大学の四年生である。いわゆる社会人学生である。一九八〇年の秋に専業主婦となった私だが、その前までは熱いほどの思いを仕事に注ぎ、しかし好きな映画を観るために必ず時間を割いていたものだった。そんなわけで育児と家事だけの日々の生活の中で、家事が不得手な私はほとんどアイデンティティ崩壊の入り口に立っていた。大嫌いな家事が主だった労働、おまけに無報酬ではなかなか前向きな生き方などできようもない。自分が選んだはずのその生活が何故そんなに不満なのか、答えを探すための糸口になったのが女性学だった。

初めは藤沢市内の各公民館が主催する女性学講座だった。各々の公民館の指導員が企画運営したもので、講義を聞いたり女性史を学んだりアサーション・トレーニングを受けたりした。江原由美子さん、加納実紀代さんなど、フェミニズムの論壇で一線の方々が講師として藤沢市に来て熱く語って下さった。

湘南国際女子短大の女性学オープンカレッジの二期生として受講するようになったのは、至極当たり前の流れだったともいえる。しかし、いくつもの公民館での学習がその回で終わってしまったように、当初はオープンカレッジとの接点がずっと以降も続くとは思っていなかった。ところがじっくり通年でクラスメイトとともに授業を受け、学んだ知識が自分の感性の一部になっていく充実感は、子どもの成長とともに吹き出した家庭内の暴風雨に似た混乱に投げやりにならずに生きていく、最後のエネルギー源のようだった。今でも、あの時期をどうにか通り抜けられたのは母と妻だけの顔ではなく、週に一度でもただの飯田真由美の時間をじっくり「勉強」に費やすことができたおかげだったと思う。そんな気概もあり、それまでの人生の中で一番まじめな学生を、そしてその学生たる本分である勉強をオープンカレッジやその後のゼミの中で積み重ねていった。その延長線上にやり直し学生の私がいる。

再びの学生生活を決意させたのはリプロダクティブ・ライツについて学んだことだった。精子バンクを利用し人工授精によって子をもうける米国の情報は耳に入っていたものの、自分の住むこの国でも、一九四九年には匿名の精子を用いた非配偶者間人工授精（ＡＩＤ）が始められ、以来五〇年以上ずっと行われていたことを私は知らずにいた。富国強兵のために子を殖やせと鼓舞されたり、優生保護法を急ぎつくっては出生率の押さえ込みを図ったり、生む女の生殖の権利はその時代、時代の事情に利用されてきた。この隠れるように存在し続けたＡＩＤを授業で知ったことは、妊娠、出産が、自分の欲していたことではなかった私に、生殖を含めた「性」の自己決定に強い関心を向かわせることになった。二〇〇一年度のゼミのまとめに書いたＡＩＤについてのレポートは、社会人入試用の長論文へと体裁を変えていった。

あらためて入学した学部は法学部で、政治学科と法律学科に分かれていた。迷ったすえ法律学科に籍を置いた。この選択がよかったかどうかは今でもわからない。が、それはともかくとして、女性学でそれなりに鍛えられた私が、法学部法律学科で学んだこの三年半を振り返ってみたい。

ふたたび学生になって

絶対に受けようと思っていた授業は「ジェンダー論」であった。この科目は前年までは、フェミニストとしてメディアで力強い発言を続けている田嶋陽子さんが担当していた彼女の参院選出馬による退職のため、授業は新しい講師によるものだった。思い入れのある教科は、私だけが面白いだけでなく、多くの若い学生にも受け入れられ関心を抱かれ、共感した思いを語り合いたいものだ。そのためには講義の内容の充実はもちろん、講師が人間的に魅力的であることが絶対に必要だ。しかしジェンダー論担当の新任の講師の方がそうであったとは言い難い。なぜなら彼女の最大の特徴でかつ最大の欠点は、意識してではないにしろ女子学生を揶揄嘲弄することだったからだ。男女共同参画に関心をもって履修している学生も多い。私を含む彼女・彼らの授業への評価は怒りであったり、不本意ながら単位がかかっているがための出席でしかない無力感だった。私の四年間の履修科目の中でもっとも出たくない授業がジェンダー論というのは、なんとも悲しい皮肉だ。

大学の法学部で四年間を学ぶとどれほど法律に詳しくなるかというと、市民生活に足りるほどの法律知識が得られる程度だと、ある教授は言った。実際、一、二年での憲法やその他の法律入門編は、一般入試で入学してきた学生には高校での社会科の延長のようなものかもしれないし、三、四年で必修として基本的な六法に触れても、概論をなぞる程度で一年の授業は終わってしまう。それでも法学の面白さ、難解の中の魅力を感じた学生は弁護士や司法書士の資格を目指したり大学院でさらに法を学ぼうとする。だが、地面に水が沁みこむように知識が頭脳に吸収されていくには、残念ながら私の年齢はだいぶ無理があるというのが実感だ。用意された事例や問題を、実際の生活の問題として考えるのは若い学生に比べたら、わかりすぎるほどで、もはや経験の域だったりする。学び、考えることに年齢の限界はまったくないものの、覚える、記憶するは年齢と比例して難儀になっていくと、試験のたびに実感せずにはいられない。

「法」のなかの「女」

さて、その市民生活に足りる法律だが、果たして市民生活をしっかり見据えての法学の授業かというとやや疑問を呈さずにはいられない。女性学を学んだ私の眼差しは、当然に法が男女平等の見地にたって効果をもたらしているかという点に絞られる。そしてその法を学ぼうとする学生に知識を注ぐ側——大学という教育機関が用意する教授たち——に、その当然の理念が備わっているか、それに疑問をもつことが少なくなかった。

たとえば、現行法に「DV禁止法」の存在する現在に拘わらず、刑法総論の教科書の中では、家庭内の事件は家庭の内で済ませたほうがいい旨が書かれている。独立した別々の法だとしても、暴力はどのような場でも断罪されるべきという意識が人びとの生活に添って機能するのではなく、法律家の各専門の範囲にしか射程がないのだ。アカデミックな世界の中でも、法律はとくに男性が支配力をもっている分野で、DVのように被害者の性差の偏重がはっきりしているものも、自分の性が被害者側でないものには関心が行き渡らないのだろうか。大学生で配偶者をもつ者は極々少ない。DVについても学生だけの知識で認知を深めるのは難しいはずだ。そこをいかに現実的に事件を想定してみせるかが講師の腕の見せ所だろう。そもそもの、その教授する者に意識がないのでは、たとえばDVについて、「それは妻をいい主婦として躾けるためには仕様がない……」という旧来からの加害男性の正当化の言い訳に、学生が何の疑念も抱かないまま法学部を卒業し、それが市民生活の常識だろうと思ってしまったとしても、学生個人の資質のせいだけにはできないと思う。その意識をそのままに放置したことが、「教育における不作為の過失」と法律用語を使って言えるだろう。

とくに性犯罪はほとんどが女性が被害者である事件だが、それらの刑罰は非常に軽い。たとえば「人が通常衣服をつけないでいるような場所をひそかにのぞき見た者」は軽犯罪法の一条にふれるのだが、それを微罪に過ぎないと学生に説くことは、そのまま、ほとんどの被害者が属する性である女性全体の尊厳を軽いものとして、学生に植え付けていくことに他ならない。その認識を携えての市民生活は、女性の人権を尊重しない社会に疑念をもたないものになるのではないか。被害を受けた女性に落ち度があるという理不尽な言い訳がまかり通る社会なのではないだろうか。

法を学ぶ者は同時にジェンダーについても学ぶべきだと強く思う。法の中にあるジェンダー不平等に気づくのはなかなか難しいからだ。ましてや教育する側が偏りに鈍感であるならば、受け身の学生には敏感なアンテナが必要だ。

法とジェンダーは似ている。どちらも人びとの手によって作られたものだ。それらは、ある一方の、支配する側の都合にうまく合うように作られている。だからなおさら、そこに不条理がある、差別があるとは発見され難いし、指摘する声もかき消されやすい。

ジェンダーだけではない。セックスとしての性も当然学ぶべきだ。色と欲（金）が犯罪の引き金になることは改めていうまでもないが、色を性として真正面から対峙しようという姿勢がない。要因の一つにセクハラ問題を過剰に警戒していることが挙げられる。伝えたいことが明確であり、真摯な態度で性をとりあげる教育には、本来はセクハラはありえないのではないかと思うのだが。

近年になり「ジェンダー法学」を取り入れた大学もあると聞くが、法と人間を別個に考えるのではなく包括的に捉えるのであれば、それは必修に値するのではと思うが、現実には、少なくとも私が通う大学の法学部はその方向にはないようである。

最難関は就職！

そのような中で社会人学生はどのような意味合いをもつのだろうか。私で見てみると、とにかく勉強に飢えて入ったのだから高い向学心をもっている。現実にはそれと知識の吸収力は同じではないが。よって授業にはまじめに出席するので、面識のまったくない学生に声を掛けられたりする。「ノート見せてください」と。熱心に勉強したいという人がいると学生たちの目に映るのは決してマイナスではないだろう。社会人を受け入れる側の大学当局も、単に少子化による学生の減少の穴埋めとしてではなく、意欲のある「大人」をうまく学業の高揚に利用すべきだ。そうしないのでは宝の持ち腐れになってしまう。

私は専業主婦から学生になった。次の三月で無事卒業できたとして、問題はその後である。就職――大難関である。私の通う大学には人間環境学部がある。そこは絶対数として社会人学生が他学部に比べて多い。そして設立時もそれをみこしてカリキュラムを組んでいるため、有職中でも十分に単位を取得しやすいようになっている。そのような場合は就職は問題にはならない。困難を極めるのは私のように「主婦という無職」で入学したものであろう。大抵一般の学生は三年の後半から就職対策が本格化する。遅ればせながら私も四年になったと同時に、就職活動いわゆる「就活」を始めた。新卒であるはずの私なのに、年齢の壁でそのスタートラインに立つことができないでいる。もちろん、希望するのは自由であるのだからエントリーはできるが、それから先へは進まない。

企業の側にしてみれば、人生経験はたっぷりあるものの、離職期間が長くおまけに健康面でもこの先不安がありそうな人間と、ハードに使ってももちそうな新卒学生では同じ給与を支払うなら、デメリットの少ないほうを取るのは当然の選択だろう。世間の常識をこってり身につけた元主婦の新卒よりは、企業のカラーを吸収して企業のために成長する一般の新卒のほうが将来性もある。主婦から学生になろうと決断したときに、四年後の本来の意味での社会人の再スタートをどうしたいかをはっきりさせておくのは当然だが、それが就職である場合には、入学の数倍の難しさがあると実感している。半年後、めでたく就職できましたと報告できたら嬉しい。

新しい一歩をめざして

女性学を知り、湘南国際女子短大のオープンカレッジでさらにその魅力に惹かれ、それが次には四年間の大学生活へと連なっていった。その年月を経て、今、まだ「いざ就職」と言っているのはもどかしい結果と映るかもしれない。しかし、そのときそのときの自分がいくらかでも前向きに生きるための選択がこの過程だったと思う。ひどく悲観主義的な私にも、いつも明日が存在すると勇気づけてくれたのが女性学だった。だから、今もその出発点にある。卒業して晴れて「社会人」になって、また新しい一歩を踏み出したいと思う。

グループ学習から学んで、夢は議員に

吉井由美

女性学と出会って九年になります。私は性格として、思ったことを実践する生き方が好きで、どちらかといえば一人で行動することが多いのです。周囲に反対されても、自分がしたいと思うことはしようとするので、グループでの活動はなじみがありませんでした。でも、このグループ学習に参加することで、私はたくさんのことを学び、今まで持っていなかった力もつけることができました。短大での学習だけでなく、市民運動にもはじめて参加し、自分が大きく変わったことを感じています。

「ジェンダー言葉と表現」二〇〇一年度後期

これは、女性言葉、男性言葉、性による言葉遣いの違いなどにこだわって寸劇をつくり、演じるというものでした。内容は、あまり難しくなく、笑ってもらえるものを、と思って作りました。題は、先生の苗字をとって「小松家の人々」、先生にもほんの少しですが出演してもらい、自分だったら絶対に口にしないだろうと思うセリフをしゃべってもらいました。「……男女平等はいいけれど化粧もしなけりゃ、女だてらに煙草スパスパ、アルコールはご主人より強い……」なんて。とても懐かしい、楽しい思い出となりました。

私はこのとき、話し合って合意に達しないことは発表の内容に加えないことを学びました。合意を取る、これは私にとってとても大切なこととなりました。ですから、話し合いに時間をかけました。つい熱くなることもありました。自分たちが言葉にこだわらなければ、この寸劇が演じられないと思い、だんだん自分たちの使う言葉に神経質になってしまいました。そしてついにグループ名が「コダワール」となったほどです。

「中高年のセックスレス」二〇〇二年度後期

これは、この年の前期に三人で読書会形式として男性学を学び、その過程で「セクシャリティ」という言葉に関心を持ったので選びました。題を「中高年のセックスレス」としたのは、「セクシャリティ」では漠然としすぎると思い、内容を絞ったからです。できればアンケートもとってみたいね、と話していましたができませんでした。

発表に向けたグループ学習はたいした問題もなく進みました。すぐに発表の中心が決まったのもよかったと思いますし、前期からこの三人だったことも関係があると思います。つまり、発表の準備は後期から始めたにせよ、前期からそのために話し合ってきたのと同じ状態だった、話し合いに十分時間をかけることができたということです。

発表当日、私は都合が悪く出席できず、あとの二人に負担をかけてしまったことは残念でした。なにやら雲行きの悪い発表になったようで、小松先生が助け舟を出してくれる場面もあったそうです。それでも、一人ひとりがセクシャリティについて考える機会となれば、そんな思いの発表に、ゼミ生からは自分の体験が語られたりもしたそうで、試みとしては意味があったと思います。

「審議会・市議会」二〇〇四年度自主ゼミ

「審議会」は、自主ゼミとして前年から引き続きの学習です。そこに、私が提案した「市議会」が加わりました。「審議会」が三人、「市議会」が二人の五人のグループで、このうちの一人は二〇〇四年度からの参加でした。このグループは審議会や市議会を傍聴してわかったことをホームページで発信したり、行政に意見・要望を出したりするグループですが、最近は皆が忙しく、審議会も市議会も主に傍聴する人は決まってしまいました。また、集まる時間も少なかったので、「市議会」のホームページ発信は今のところできていません。

私たちのこの年の最大の成果は、八月に埼玉県の嵐山にあるヌエック（独立行政法人・国立女性教育会館）での「男女共同参画のための女性学・ジェンダー研究・交流フォーラム――二一世紀の男女平等・開発・平和～いま、私たちはつくる」のワークショップ参加でした。内容は「審議会委員の女性の比率を高めるにはどうすればよいか」を中心テーマとし、名簿や条例を調べたり、行政に要望書を出したり、審議会担当課である行政総務課を訪ねたことなどを発表しました。審議会の開催日時の調べ方や、実際に傍聴をした報告も少し入れました。

グループ発表の準備は私にとって一年ぶりで、しかも昨年参加していないテーマですから、最初はついていけない感じでした。八月発表なので、内容は昨年のものが中心となります。ところが、この年からこのグループに入った私は、なかなか審議会そのものがつかめず、そもそも審議会って何？といった疑問から始まりました。昨年のレポート集を読んでも、なんだかよくわからない。

そこで、時間の都合がつく人たちで市役所や県庁に足を運び、いろいろ質問をしているうちに、審議会に関する指針が存在することや、地方自治法で審議会に関することが決められていることなどがわかり、だんだんと昨年から学習している人たちと共通する理解をもつことができるようになりました。

そのころから、発表の内容について、自分の意見を言えるようになってきたのですが、合意の取れない内容は加えない、発表するみんなが共通の理解をもつことができるまで話し合う、そんなことを考えていた私は、なかなか譲らないときがありました。それは、今までの二回の発表を踏まえてのことでしたが、この私の考えもまた、じつは皆の共通の考えではなかったのです。このことで反省したのは、どんな方法も、必ずしも正しくはないということでした。大切なのは、発表する目的をはっきりしておくことなのでした。少なくとも、これは共通の理解としておかなくてはならないと思いますが、それ以外のことは、そのつど臨機応変に対処すること、それを今回学びました。また、発表の内容を盛りだくさんにしないことも。今までは、盛りだくさんにしたくても材料が多くなかったので、必然的に内容は少なくなりました。でも、今回は材料がたくさんあったので無意識にたくさん詰め込もうとしたように思います。発表の中心に何をおくのか、内容は盛りだくさんにしないなどを、前もって確認しておくことが大切だったと思いました。

「市民運動」

以上の三つを通して私は、グループ学習は、人と人がつながっていく方法を学ぶ場だったと思いました。私は、一人で行動することは得意です。そして、一人であれば、説明の必要もないし、行動の変更も簡単です。ですから、とても気楽です。でも、一人では社会を変える力にはならない、だから仲間作りが不可欠です。そのためには、説明する力や思うように進まないことへの忍耐力、複雑な人間関係につぶれない力などをもつ必要があることがわかりました。そのなかでも私にとって、最も重要だと考えたのは、「つぶれない力」でした。

ヌエックでの発表の後、私は、藤沢市での市民運動に参加しました。それは、国際人道法・ジュネーブ条約追加第一議定書にある「無防備地域宣言」を活用して、戦争に協力しないまちづくりをしようとする運動でした。方法は、市の条例として「無防備地域条例」を作るというもので、直接請求で条例作りのための議会を開いてもらうことでした。有権者の五〇分の一(藤沢市では約六五〇〇筆)以上の署名を集めると、議会が開かれます。私はこの署名集め、議会審議のためのロビー活動に積極的に参加し、議員さん達と自分の言葉で話し合いました。

市民運動への参加はまったくはじめてでしたが、ゼミでグループ学習をした経験に立って、運動方法を決める中心的会議にも臆することなく参加しました。この活動の、自分にとっての目標は、条例はできなくても、少なくても会議録にジュネーブ条約・「無防備地域宣言」の意義を残す、ということでした。この目標のためには、ぜったいつぶれない、そう考えていました。そして、二〇〇五年四月、条例はできませんでしたが、会議録にはそんな私の思いが残りました。

振り返って反省するのは、「つぶれない力」はよくもてていたのだけれど、「思うように進まないことへの忍耐力」に欠けていたかな、という点です。もっと気を楽にして、もっと楽しみながら活動することを目指すのが、次の課題です。

条例制定直接請求が終わって、複数の人から「議員になったら？」というお誘いを受けました。はじめは、そんな気持ちはありませんでしたが、今は、「議員になりたい」と思っています。自分の考えを、自分の言葉で語り、会議録に残す、これは最高に楽しそう。小学生のときに習った憲法の中に書かれている「差別されない」という言葉が、実際の社会ではどうして守られないのか、この社会をずっとおかしいと思ってきました。その位置に立って、その視線で市政を見る、非暴力の社会を目指す、そんなことを考えています。でもなぜでしょう、「なりたい」と意思表示をしたとたん、誘ってくれた人たちが、慎重な発言をするようになりました。どうやら、それが政治というものらしい。そして今、「議員になりたい宣言」の先は霧の中です。新しく私の夢になった「議員」になれる日は本当に来るのか、それはわかりませんが簡単にはあきらめず、その方法を考えていきたいと思います。当面は、藤沢市をもっと知ることからはじめようと、議会の傍聴を続けながら、「藤沢市の自治基本条例について考える広場」の運営幹事会にも参加することにしました。少し大胆な夢をもってしまったかな、大丈夫かな、という不安もありますが、このグループ学習を通して笑い合える仲間、相談し合える仲間をもつことができたことも力のひとつだと思います。うまくいったときも、いかないときも、私は一人じゃない、そう思えることは強いと思っています。

オープンカレッジについて

小松加代子

オープンカレッジは社会教育の流れのなかで始まりましたが、大学における女性学の展開と関わる新しい試みの一つということができます。

1　日本における成人教育

学校教育課程以外での教育である「成人教育」は、日本においては行政主導による社会教育と、生涯学習の流れのなかでさまざまな変遷を経てきています。

戦後日本国憲法において保障された権利としての成人教育は、「遅れた」婦人を啓蒙するものとしての「婦人教育」に始まりました。そして一九五〇年代には、社会教育行政の形を取って、話し合い学習や共同学習として展開されていきました。女性の成人教育を研究する中藤によれば、一九五〇年代の平和運動、母親運動から、六〇年代の市民運動・住民運動が、女性としての層の成長を促し、市民・住民の学習を保障する社会教育行政の役割を発見したのだと言います（中藤洋子「第1章　女性問題学習を中心に」『女性問題と社会教育　ジェンダー視点に立つ成人の教育・学習論への試み』ドメス出版、二〇〇五年）。一九五〇年代は、戦後直後の平和と男女平等の雰囲気が覆されつつあるなかで、子どもや家族、そして平和を守るという、「母」としての役割に多くを依存した運動でもありました。しかし、六〇年代の高度経済成長のなかで、パート労働をする女性たちと専業主婦層とへ女性の生活基盤が分断され始めると同時に、経済成長の引き起こす社会問題が激化していくなかで、女性たちの生活の場としての「地域」の発見があり、「住民自治」の発見があったのです。

こうした流れのなかで、七〇年代後半に「婦人（女性）問題学習」が登場し展開していくことになります。それまでの婦人教育が、婦人への啓蒙であり、「母」としての女性の存在の強調であったのに対し、「母」や「妻」だけにおさまらない「女」としての存在への気づきが登場し始めます。七〇年代後半以降は自治体の婦人行動計画づくり、婦人会館づくりの運動がさかんになり始め、女性問題学習は、成人の学習の固有の一領域としてその位置が確立されました。

とくに、国連婦人の一〇年（一九七六〜八五年）間での「女性差別撤廃条約」の批准など、国際的な女性解放運動の高揚のなかで、日本の女性問題学習も、大いに広がっていきました。

一九八〇年代には、学問としての「女性学」が始まり、大学を中心とした研究と学習の機会が増えるようになりました。また、国立婦人教育会館（現独立行政法人国立女性教育会館）では、「女性学講座」が開かれ、全国各地の女性たちに女性学研究の成果を提供し、学んだ人たちは各地に持ち帰ってその輪を広げ、グループで活動を展開するという全国的な運動の循環が生まれることになりました。

一九八八年に、臨時教育審議会の答申で「生涯学習体系」が打ち出されると、社会教育局は生涯学習局へと変更され、地方自治体のレベルでの生涯学習推進体制が進められるようになりました。生涯学習政策と社会教育政策とが重なるなかで、高等教育機関と連携した講座などが開かれるようになったのです。そして現在では、各地の女性センター、教育委員会あるいは男女共同参画課の主催する講座、公民館主催のセミナー、高等教育機関のジェンダー講座など、多様な発展をみせています。

2　藤沢市とオープンカレッジ

藤沢市は全国でも女性行政の進んだ市でした。審議会に占める女性委員の割合が三〇％を超えたのが全国的にかなり早かったことからもそれはうかがえます。女性のための成人教育についても、社会教育課（現生涯学習課）が中心になって実施されてきています。

その初期から三四年間にわたって社会教育に携わった諸節によると、一九五〇年に始まった成人学級が、講師が一方的に教えるという学校教育と同じ形態であったため、学習者を主体とする話し合い学習の場として、新しく一九五四年に婦人学級が始められたといいます（諸節トミエ「婦人の学習（覚書）　藤沢市の婦人学級の歩み」『藤沢市教育史研究』五号、一九九六年）。テーマも学習者との話し合いで決定し、その初期は「くらしを見つめ、くらしを高めよう」というものだったようです。一週間の生活時間を調べ、家事労働と実働時間の実態を把握し、労働内容の簡略化、集約化をして一日三〇分の自由時間を生み出すという、調査と話し合いによる実証的な学習方法が取られていました。一九五〇年代はこうした新しい試みとしての婦人学級が藤沢市の各地で開催されるようになりました。五九年には「婦人学級開設要項」が作られ、六〇年代にはさらに、託児つきの婦人学級が開かれたり、婦人学級の運営を婦人学級で育ったリーダーたちに委託することも始まっています。六〇年代後半には、公民館が整備され、市民を対象とする事業は公民館で開かれていきました。六四年には協力者を社会教育指導員として位置づけ、各公民館に配置し、学習条件の整備を担当することになりました。そして、一九七〇年代に入ると、女性のライフサイクルを見直すことから社会参加が話題になり、そして性別役割分業の問題へとテーマが変化していきました。そしてこの七〇年代には全公民館（現在一三館）で婦人学級が開かれ、後に「女性セミナー」という名称に変更され継続されてきています。（ただし、現在では緊縮財政を理由として、すべての公民館で実施するというわけではなくなっています）。

公民館での婦人学級の開催は、参加した人たちのその後の自主学習をうながすこととなり、八〇年代には、公民館での婦人学級を終えた人たちのための「婦人問題研究会」が開かれるなど、婦人問題のリーダーの養成を試みています。そしてそうした活動グループをまとめた女性問題学習グループから相互に連携する連絡会も結成され、社会教育課との連携を取りながら、講演会を開催したり、関係する審議会に委員を送る存在となっています。

藤沢市における婦人学級が、その初期から女性の置かれた状況を理解し改善するという目的を有し、五〇年代に始まった学級が、その方法として学習者の主体的な関わりを当初から前提としていたことは、全国的にも新しいものでした。さらに、婦人学級の運営を委託できるリーダーが育っていたことや、公民館での婦人学級の定着など学習の基盤がすでに確立されていたことが、その後、平等の基本的要件として「女の自立」を掲げ、女性の社会参加をはばむものとして「性別役割分業」の固定観念の打破を目的とする七〇年代の「婦人問題学習」へと自然に結びついていったのだと言えるでしょう。こうした藤沢市の先進的な女性行政の意義は特筆すべきものと言うことができるでしょう。

婦人学級が定着した七〇年代、八〇年代を過ぎ、九〇年代になると社会教育は変化を始めるようになります。女性学が高等教育に登場し、社会教育の場では生涯学習が成人教育や社会教育という言葉と置き換わり始めました。オープンカレッジは、その変化の一つと位置づけることができるでしょう。

オープンカレッジが開かれることになった一九九七年当時、全公民館での女性セミナーや、女性学習グループ連絡会による学習会や講演会は並行して実施されていました。また生涯学習施策としての市民講座も、藤沢市にある二大学一短大で開始されていました。それに加え、社会教育課は公民館での女性セミナーの上位クラスとして女性学講座を一年間開催していたのです。この講座では、すでに女性セミナーなどで学んだ女性を対象に、講師の先生の指導のもとで理論を学び、参加者が各自問題点について論文を書き、発表するというものでした。しかしこの講座が講師の都合によって開催できなくなった時点で、その実施方法を変更することになりました。社会教育課が主体となって講師を選び講座を開催するのではなく、その代わりとして大学に依頼するという経過になったようです。こうしてオープンカレッジが始まることになったのです。

3　女性学の志向性

オープンカレッジの依頼は「女性講座」であって、「女性学」には特定されていませんでした。ちょうど当時開講していた「女性学」が適当であろうという短大の判断によって、オープンカレッジに「女性学」が開かれたのです。しかし、「女性学」がオープンカレッジに開かれたことによって、オープンカレッジの性格も当然影響を受けることになりました。

そもそも女性学は女性運動に起源を持ったため、女性運動と連関し、活動を維持しようとする政治的方向性を持っています。その政治性を不透明にするため、feminism studies ではなく、women's studies と名づけられたと言われているのですが、その運動とのつながりは女性学にとって重要な意味を持ち続けています。

学問としての「女性学」は、伝統的な学問には男性優位が根強く、知識は男性の経験を中心として構築されていることを批判し、それに代わる新しい学問を求めるものです。ただし、「研究者自身、伝統的分野／学科の理論や方法論の教育と訓練を受けてきたわけで、一方では伝統的分野／学科の理論や方法論に依存しつつ、他方ではそれらを批判し、新しい知を追及するという相克的状況に置かれた」とホーン川嶋が述べているように、それが常に新しい挑戦であることは、女性学の研究者の基本認識であり、根拠とする立場となっています（ホーン川嶋瑤子『大学教育とジェンダー』東信堂、二〇〇五年）。したがって、女性学を教える者自身も常に自己を問い直し、方法論を模索する過程にある点で、他の学問と性格を異にしています。

そうした女性学の運動性は、教えることにおいても重要です。「教育活動と個人的および社会的変革をいかに結びつけるか、学生をいかに問題意識化し動機づけるか、これらは女性学の重要な柱」となっています。つまり、教える側も教えられる側も、常に問題を意識化し、それぞれが個人的にも社会的にも変化を作り出すことを意図し、互いに刺激しあう関係にあると言えます。

したがって参加者は常に自分とのかかわりを意識させられ、生活の変革を求められます。他の学問と異なって、女性学は変化をすることがなければ存在価値がないとさえ言うことができるでしょう。女性学と運動とのつながりは、新しい発見をした人がそれを伝えようとすることに似ています。女性学を通じて学んだ新しい知識によって、自分自身を批判すると同時に肯定することができるようになると、その生きやすさを苦しんでいる人たちに伝えたい、もっと自由に生きようという発信をしたくなるのです。そのさい、誰もが支配関係やその意識から自由にはなっていないことを自覚している必要があります。そのために、互いに批判し刺激しあう仲間が、しかも固定化し停滞しない新しい流れのあることが重要となっています。

4　オープンカレッジから実践へ

行政が中心となってきた社会教育の流れのなかから生まれたオープンカレッジですが、短大との共催という形を取ることによって、独自の特徴を持つことになりました。公民館事業や市としての事業は、担当者が短期間で変わってしまうことが多いために、連続性を保ち、さらに発展的で長期的な企画をすることが困難であるという問題を抱えています。さらに担当者が女性行政あるいは男女共同参画の専門ではないことも多く、前例に従うだけで終わってしまうことも多々見られるところです。藤沢市教育委員会のオープンカレッジの担当者も、九年でじつに七人と毎年のように入れ替わっています。しかし、このオープンカレッジについては短大の講師が進め方や内容について決定権を持つことによって、連続性を保つことも可能となり、また修了者との関係を維持することも可能となっています。

当然のことながら、このオープンカレッジはそれまでの公民館や社会教育課の講座とはかなり異なり、短大の通年の講義科目への参加という形式をとっています。したがって受講生は基本的には講師の話を連続して一年間聞くという受身の講座になります。藤沢市の婦人学級が目指した学習者主体の学習の場という点では、その形式は大きく異なっているように見えます。しかしながら、実際に九年間オープンカレッジをやってきた経験から、この一年間の学習が、主体的に学ぶという七〇年代以降の「女性問題学習」が見本としてきたこととあまりかけ離れておらず、むしろ別の形でもそれが可能であることを示していると実感しています。

全般的な知識を学べる場が一年という長期にわたって確保されていることにより、参加者に複合的な機会を提供することになっています。それまで孤立しがちだった女性たちが、「女性だから」というだけで内に閉じ込めてきたさまざまな悩みを、自分だけの問題ではなかったことに気づく機会が多くあります。また長期間の学習の場は、自然と参加者間の会話の機会を生み出しているようです。そして講義の間に、学生と混在したグループディスカッションを数回行いますが、それによりさまざまな世代の様子を互いに知ることができて、自分の生き方の見直しにつながっているようでもあります。こうして、講義形式でありながら、意識啓発の場として機能していることは、第一部を読んでいただければ理解していただけることと思います。

短大という教育現場であるため、毎年新しい参加者を迎えること、それに加えて、ゼミ、自主ゼミへの展開が可能で、そのなかで実践的な活動を支える素地となっていることなどについては、第二部でその特徴を見出していただけるものと思います。

第2部
地域で活動する オープンカレッジ・ゼミ生たち

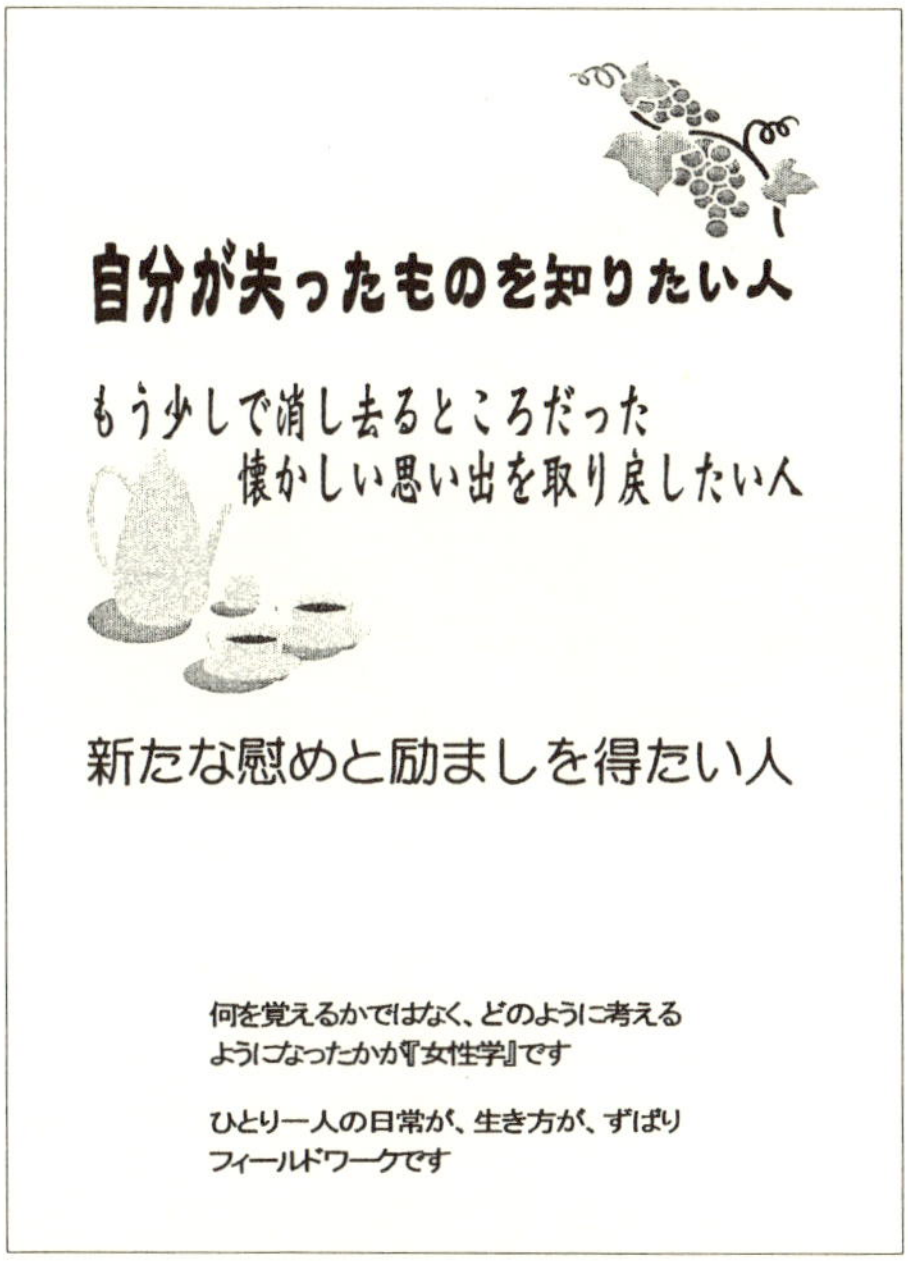
自分が失ったものを知りたい人
もう少しで消し去るところだった
懐かしい思い出を取り戻したい人
新たな慰めと励ましを得たい人
何を覚えるかではなく、どのように考える
ようになったかが『女性学』です
ひとり一人の日常が、生き方が、ずばり
フィールドワークです

ゼミの皆さんの言葉を使って作ったチラシ(本文152ページ)

親と子を対象とした性教育ワークショップ

松本利枝子

初めてのワークショップ

「また来てねー」「まってるよー」。H園での最後のワークショップを終えて門を出ようとしている私たちの背後から子どもたちの声が聞こえてきました。振り向くと子どもたちが小さな手を振りながら見送ってくれていました。たった三〇分あまりの短い時間でしたが、子どももおとなもいっしょになって楽しい時間を過ごせた、そんな満足感が感じられた一瞬でした。そして、二〇〇四年六月からおとなと子ども合わせて六回シリーズで始まったワークショップのすべてのスケジュールが終わった瞬間でもありました。「やった！ 終わった！」この八か月あまり、はじめての性教育ワークショップを、まったくの手探り状態で準備から本番とやってきて終わったとき、私は思わず叫んでいました。

「こんな内容でよかったのかな」、「わかってもらえたかしら」、「楽しんでもらえたかな」、「つまらなかったかも」、心配はつきませんでした。まったく自信もありませんでした。それでも全六回、やり終えたとき、うれしさがじわじわとこみ上げてきました。

はじまりはオープンカレッジ

子どもたちとのワークショップが実現するまでのプロセスをさかのぼっていくと、九年前の〈オープンカレッジ〉に行き着きます。

一九九七年四月、湘南国際女子短期大学で、社会人女性を対象とした「女性学」の講座、オープンカレッジが開講しました。その当時テレビでは、大学教授の田嶋陽子さんが「女性学」という言葉を使い始めていました。「男のパンツはもう洗わない」という田嶋さんの言葉に、女性学っておもしろそう、女性のことを知るための学問らしい、と関心を持ちました。そんなとき出会ったのが短大のオープンカレッジでした。日々の暮らしの中で、漠然とした生きにくさを感じていた私は、それがどこからくるのか、その疑問が解けるかもしれないとオープンカレッジを受講することにしました。

そのころのノートを開いてみると、一年の間にたくさんのことを学んでいます。女性が直面している問題の多さ大きさにあらためて驚きます。そのころパートタイマーとして働き始めていた私は、講師の小松先生の言われた、「パートタイマーを選んだつもりでもじつは選ばされています」という言葉が忘れられません。「男性の精子は溜まりません、からだの中に吸収されます」と生殖の章で学んだとき、男性の性についてのそれまでの疑念が、ぱぁーっと一度に晴れた思いがして、心の奥が軽く暖かくなったことを覚えています。

オープンカレッジ修了後、一九九八年四月からゼミ生として引き続き女性学を学ぶ機会を得られたことで、一つ一つの問題をさらに深く学ぶことができました。拒食症、D・V、家族、生殖と毎年テーマを決め、本を読み、議論し、また本を読みレポートにまとめます。そのなかで私は、これまで個人の問題とされてきたことが、じつは社会全体の問題でもあること、社会全体のしくみを変えていかなければ、個人の力だけではどうにもならない問題があること、また、社会通念や慣習などに縛られた個人の意識も見直していく必要があることなどを学びました。

性差別や、社会的性差ジェンダーは、女性性、男性性が、歪められ、誇張された結果なのではないか、根底にある性意識が問題なのではないかと気づいたときそれを変えていきたいという思いが、性教育グループの参加へとつながっていきました。

性教育グループ

二〇〇四年四月、湘南国際女子短大のオープンカレッジ、オープンカレッジゼミで女性学を学んだのち、自主ゼミとしてはじまった性教育の学習グループは二年目を迎えていました。その前年、「子どもたちに、こころとからだの学習を通して生きる力を身につけてほしい、自らを肯定的にとらえ自信を持っていきいきと生きてほしい」そんな共通の思いを持った仲間が、五人集まりました。「性教育といっても範囲が広いわね」「対象となる年代もいろいろだし」「性＝セックスというイメージがあるわね」話し合ってみると性教育といえるようなものはだれも受けていません。私たちはまず本を読むことから始めました。性教育について書かれた本や、からだのことが書かれた子ども向けの絵本、また、他の性教育グループの活動報告や養護の先生が独自に取り組んでいる例などさまざまです。どの本からも、刺激を受けると同時に性教育初心者の私たちに〈あなたたちにもできるわよ〉と背中を押してもらっているようでした。

ところが学習がすすむにつれて、自らの〝性意識〟といやでも向き合わざるをえません。「男の子の性器はペニスだけど女の子は？」「ワギナは膣のことだし」「外性器はバルバって言うのよ」「大陰唇、小陰唇のことね」。話をしながらも、自らのからだの一部である性器の名前を口にすることさえ抵抗を感じてしまいます。裸のからだが描かれた絵を見ながらつい辺りを見回しています。「性は隠すもの、おおっぴらに話すものではない」という、いつのまにか刷り込まれた意識が顔を出します。羞恥心と罪悪感が合わさったような意識は、学習を重ねていくなかで少しずつ薄れていきました。

幼児のための性教育プログラム

二年目の〇四年、グループの活動はいよいよ外へ向けて発進です。私たちはまず、グループに名前をつけることにしました。名前は、自己紹介やP・Rなどに便利なだけでなく、性教育グループとして、微力ながら小さな一歩を踏み出そうとしている私たちに勇気を与えしっかり支えてくれるものにしたい。いろいろ考えて「こころとからだの学習グループL＆S」と決めました。L＆Sは Love & Sex であり Life & Sexuality でもあります。

ゼミ生の仲介があって藤沢市内の幼児教室、H園でワークショップを行うことになりました。性教育をはじめる時期は、いろいろな情報にさらされていない幼児期こそ最適です。願ってもないこの機会に、何を子どもたちに伝えたらいいのかを話し合いました。子どもたちの集中力は長くても一〇分、話の合間に動きを入れながら三〇分のワークです。H園との話し合いの中で、保護者向けの学習会も同時に行うことになりました。

保護者と子どもそれぞれを対象としたワークショップの日程と内容は次のとおりです。

おとな一回目　六月七日…「子どもに性教育がなぜ必要か」
子ども一回目　六月一四日…「からだのなまえ、いえるかな？」
おとな二回目　一〇月四日…「月経と精通のしくみ」
子ども二回目　一〇月二五日…「たべもののたびー たべものがウンコになるまで」
おとな三回目　一一月八日…「生殖のしくみ＆子育ての中で性をどう伝えていくか」
子ども三回目　一一月一五日…「あかちゃんはどこからきたの？」

グループで話し合いを進めていくうちに、初めての性教育ワークとしては無謀とも思えるスケジュールを組んでしまったことに気がつきました。子ども向けのグッズ作り、おとな向けの資料作りとやらなければならないことが盛りだくさんです。すし詰めのスケジュールを前に、はじめる前から「えっ、ほんとにできるの」「大変だからもう少し簡単にしようか」「産道を作るって、どうやって！」。私は不安になってきました。

それでも、子どものワーク向けに、模造紙に等身大の子どものからだ絵を描いたり、ボール紙でメダルを作ったり、布をつかっての肛門や産道作りは楽しい時間でした。

はじめは、H園の園児のみを対象に企画したワークでした。ところが、子どもたちが園で勉強したことを家庭で話をしても、保護者のほうに受け入れ準備がなければ子どもたちの好奇心はしぼんでしまいかねません。また園で子どもたちがどんな話を聞いてくるのか不安に感じる保護者もいるでしょう。性教育の基本は家庭であり両親です。今回、私たちは保護者との学習会の大切さに気づきました。私たちの行うワークショップが、日常の暮らしの中で、自然にからだのこと、こころのことを話し合えるきっかけになってほしいと思います。「性教育はまずおとなから」、「子どもの頃から始めるべき」と意見が分かれますが、親も子も共に学ぶ機会が必要なのではないでしょうか。

ここでは保護者対象の学習会の様子を紹介します。

保護者対象の学習会

子どもに性教育がなぜ必要か

一回目の学習会は六月七日、台風の影響で不安定な天気の中、二〇畳ほどの和室にお母さん方二〇人余りが集まりました。なかには赤ちゃんを抱いたお母さんもいます。

長テーブルの上には手づくりのアレンジメントが飾られていました。司会担当のお母さんが私たちを紹介するさい「先生方」という言葉を使われたのであわててやめてもらう場面もありました。自己紹介のあとレジュメや資料を配り「からだの学習、性の学習がなぜ必要か」「子どもたちのワークショップの内容」「性教育とはこころの教育でもあること」など、グループの阿部さんの話から始まりました。熱心にメモをとるお母さんもいます。次にお母さん方への質問形式で、性教育を受けたことがあるか、あるとすればそれはどんなものであったのかを、全員に答えてもらいました。

三〇代のお母さんたちがほとんどですが〈月経のしくみ〉について、女子だけが集められた部屋で話を聞いたという人が多く、四〇年前に私が受けた性教育の風景とすこしも変わらないことに驚きました。そのときの話から、女性は損だ、月経はいやなことだと暗いイメージをもってしまったと話してくれた人がいました。彼女にとってそのマイナスのイメージはおとなになっても消えることはなく、女性として生まれてきた自分自身への信頼感や肯定感、自信を失わせてきたのではないでしょうか。また、キャンプのとき女子も男子もいっしょに保健の先生から話を聞いてとてもよかったという人もいて、性に対するおとなの考え方、伝え方次第で子どもたちが受け取るイメージが大きく変わってしまうことを痛感しました。

次に、家庭の中で子どもたちは性についてどんなことを聞いてくるか、おとなはどんなふうに答えていけばいいのか、などについて話し合いました。時間が足りないなと思うくらい活発な意見が出ました。「どうしておかあさんにはおちんちんがないの？」と子どもに聞かれ「う〜ん、とられちゃったの」と答えてしまったというお母さんに、どこの家庭でも同じような会話が交わされているのでしょうか、笑い声が上がりました。お母さん方に書いてもらったアンケートの一部を紹介します。

『六才の男の子と三歳の女の子、下の子が八ヶ月です。お風呂上りの裸を見て自分たちの身体の違いに関心をすごく持っています。下の子を見て〃赤ちゃんはどこから出てくるの〃〃おなかの中にどうやって入っていたの〃とか聞いてきます』『うちの子は三歳なのでまだ疑問を投げかけてくることはありませんが、親としての心構えがまず大切だなと気づきました』『人前でおちんちんを出したりすることがあるのでプライベートゾーンのことは参考になりました』『急に教えるより少しずつ繰り返していやなイメージを持たないようにしてやりたいと思いました』

月経と精通のしくみ

一〇月四日、二回目はビデオを見ながらの学習です。今回は、人の性器の働きとしくみを知ることで〈わたしのからだ〉への安心感と誇りをもってほしい。そのことが、子どもたちへ性を語るときの手助けにもなるはずです。

　ビデオは排卵と月経、精子と精通のしくみが、きれいな色のアニメーションで描かれています。鶏卵ほどの子宮と鶉の卵ほどの卵巣でリズミカルに排卵と月経が繰り返される様はまさに神秘的です。ビデオを見た後、女性と男性の内性器、外性器の絵を見ながら確認していきます。じつはこの日の学習会でお母さん方に、自分の外性器を自分で見てみることを勧めるかどうか、直前まで迷っていました。自分の体を知るためには、自分の目で確かめ、触れてみることが大切なのですが。前日、グループで話し合いました。

「女性って自分の外性器を見ることってあまりないわね」「鏡を使って見たことあるわ」「きれい、案外」「うーん見たことないな」「人に勧めるには自分の体験を話したほうが説得力はあるわ」

　私自身は以前見てみたことがありますが、正直あまりいいイメージはありません。自分の性器の話を人にするにはやはり抵抗があります。しかし、女性が自分のからだの一部である性器について、見ることも、触れることも、感じることも、目にすることさえも禁じられてきた慣習は変えていきたいのです。

　当日、私は話をしました。自らの身体を知ることを恥ずかしがる必要はなかったのです。以下は二回目のアンケートの一部です。

『改めて女性の体、生理のしくみ、男性の体、精通について勉強し、人体の不思議、神秘的な部分と生理現象を認識しました。自分自身が勉強することによって、客観的に子どもに伝えられる言葉を選べる気がします。子どもの性の問いかけや不安に対していっしょに考えていける存在になっていきたいと思います』

生殖のしくみ＆子育ての中で性をどう伝えていくか

　一一月八日、三回目、最後の学習会です。この日の参加者は八名と前回までに比べて少人数でしたが、その分参加者との話し合いは深まったと思います。

今回は、前回までのアンケートにあったいくつかの質問に対しての答えを、ロールプレイングをしながらいっしょに考えていく形をとりました。L&Sグループのメンバーが子ども役になって、お母さん役の保護者一人一人に問いかけます。

Q・おかあさん、わたしおかあさんのおなかの中にどうやって入ったの？

写真１ 自主ゼミのワークショップ。産道を通ってきてへその緒を切ってもらう。

A・「赤ちゃんがほしいと神様におねがいしたらうまれたのよ」

「えーと、赤ちゃんがほしいと思ったらおなかの中に入ってたんだ、不思議だね」

「カブトムシと同じように仲良くなってうまれたのよ」

「おかあさんのおなかの中に子どもの種があって、おとうさんにもあって……」

「えーっと、どうやってはいったのかしらね」


Q・おかあさん血が出ているよ！（おふろにいっしょに入ったときのこと）

A・「えーそう？　だいじょうぶだよ、と洗い流す」

「赤ちゃんを産むためにこんなことがあるんだよ」

「別にだいじょうぶなんだよ、時々出るんだけど」

「おとなの女の人は赤ちゃんを産むためにいつも準備をしているんだけど必要なくなると外に出てきちゃうんだよ」

写真2　H園で子どもたちの描いた絵をまとめた冊子

急な質問にも、お母さん方は笑ったり、真剣に悩んだりしながら積極的に答えてくれました。ロールプレイを実際にやってみて「恥ずかしいが先にたって答えにくかった」「むずかしいですね、どこまで答えていいのか」「一生懸命答えようとするんですけど言葉が出てこなくて」と正直な感想も聞かれました。全体的にファンタジックな答え方が多いのは、やはり、〈性交〉や〈性器〉の話はしにくいのでしょうか。アンケートの中の一文です。

『わかっているつもりなのに、いざ言葉にすると、こんなにも伝わりづらいのかなアと驚きました。けれど、人間の性はやはり虫や動物と違って、種族保存のためだけにSEXをするのではないので、たんたんとは答えられない部分もあると思いました』

おわりに

人の性には〈生殖の性〉と同時に〈ふれあいの性〉〈快楽の性、コミュニケーションの性〉があります。そして私たちの日常では〈ふれあいの性〉のほうが多いのですが、その部分が語りにくいと感じているのはなぜでしょうか。その〈なぜ〉を問いつづけることで私たちは自らの性意識に気づき、それを変えていけるかもしれません。そして子どもたちに問われたとき、人と人との〈性〉は、とても素敵なもの、生きていくうえで欠かせない大切なものなのだと話してやれるようになりたいものです。

保護者との体当たり学習会は、私たちL&Sグループに大きな収穫をもたらしました。幼児対象の性教育の場合、子どもとのワーク以上に保護者との話し合いの大切さを学びました。子どもの性教育を進めていこうとしている私たちにとって、保護者の声を直接聞ける機会を得たことは貴重な体験だったといま改めて感じています。反省点も多くありますがこれを次の機会に生かしていきたいと思います。

言うまでもなく、この六回のワークで伝えられたことは、〈人の性〉全体のほんの一部でしかありません。「こころとからだの学習グループ」として子どもたちに、こころの部分の大切さをどう伝えていくのか、これからの私たちの課題です。男女のからだのしくみを知り、その働きを学ぶことは、健康的な生活を送るうえでとても大切なことです。そして同時に、人と人との関係性を学ぶことがとても大事だと考えます。よい関係性を作るためには、自らの権利、他者の権利を守る意識を育てながら、外の世界、他者への想像力を養っていくことでしょう。私たちL&Sは、私たちの活動が子どもたちの生きる力を育てるための一助となることを願って、これからも性教育についての勉強を続けながら、外へ向けて発信し続けていきたいと考えています。

九年前に女性学に出会って以来、私の生きにくさは改善されたのでしょうか。生きにくさの根底には女性を取り巻く社会的な環境があることがわかり、漠然としていたものがようやく見えてきたと感じています。オープンカレッジから始まった「もっとイキイキと生きられるかもしれない」という私の夢は、実現に向けてゆっくりとそして確実に動きはじめています。

性の学び合いを地域でも

阿部和子

二〇〇〇年四月から湘南国際女子短大オープンカレッジで女性学の講座を受講し、その後ゼミを続けて六年になる。二〇〇四年、ゼミの仲間と念願の地域での性教育に取り組むことができた。自分の夢の第一歩を踏み出したばかりだが、なにはともあれ始められたことがうれしい。仲間がいることで、おそらく一人では形にできなかった夢を実現できた。短大で女性学を受講するまでは、地域の仲間と共に活動するという発想のなかった私だが、今はこの仲間を核にいろいろな地域活動を展開できることがわかってきた。学んだことを軸に、地域の運動体として活動する仲間を得たことが、女性学を始めての最も大きな収穫である。

地域で誰もが性を考える機会を

私は現在東京都内の私立高校で教員をしている。そこでは、生徒が生きている現実から学びを起こそうと、一九九六年度から総合学習を取り入れ、一年生が「性と生」、二年生が「平和・沖縄」、三年生が「女性と人権」(二〇〇五年度から「人権」)という科目を毎週二時間ずつ学んでいる。私は「女性と人権」を担当してきた(二〇〇五年度は「人権」を担当)が、それには常に性が関わってくるため、「性と生」の担当者から情報や知識を得ながら少しずつ性に関する勉強も続けていた。一九九九年三月、「性と生」「女性と人権」の担当者の有志が、福祉と性教育の先進国スウェーデンに行って勉強しようというスタディツアーを企画し、私も参加することができた。

スウェーデンの状況は日本と比較すると何もかもうらやましいことばかりだったが、なかでも思春期の子どもたちが地域の病院施設などで無料で性に関する相談をすることができるシステムが、私の勤務する高校の生徒たちを思うと、何よりもうらやましかった。プライバシーを守られながら（親に連絡がいくなどということも決してない）、性に関するどんな相談でもすることができる。マスメディアや友人からの偏った情報に惑わされることなく、自分の性と正直に向き合うことは、思春期の子どもたちにとってとても大切なことだ。ツアーを振り返りながら、いつか日本にもそんなシステムを作れたらと思い続けている。その足掛かりを藤沢で作れないかと、これもそれ以来思い続けているのだ。

仲間がいれば何かできる

オープンカレッジ、ゼミと続けて受講するうちに自分の中で大きくなっていく思いがあった。せっかくの学び合いを教室の中に閉じ込めてしまうのはもったいない、藤沢市の生涯学習の一環として無料で学ぶことができたのだから、その学びを地域に還元していくことが生涯学習をさらに発展させることになるのではないか、という思いだ。女性学を受講しながらそんなことを考え続けていたので、二〇〇三年度からの「活動する自主ゼミ」は、できるだけ形あるものにしたかった。

何をしたいのか、何なら続けられるのかを考え、以前からやってみたかった地域での性教育を自主ゼミのテーマとして提案した。性教育バッシングが始まっていて、参加者が集まるか心配ではあったが、二〇〇三年度は五人の仲間が一緒にやろうと集まってくれた。

地域での性教育といっても何をどのようにしていけばいいのか見当がつかない。そこで、二〇〇三年度は性を学ぶとはどのようなことなのかを学習し合うことにした。『性教育が深まる本』（村瀬幸浩著、十月舎）をテキストにして、章ごとに担当を決め、夏までかかって一冊を読み終えた。毎回予定の章を読みながら、「性の井戸端会議」とでも言っていいくらいいろいろなところに話は発展した。そんな話し合いを続けながら、性について心の動きを含めて科学的に学ぶことは生きていくうえでとても大切なことだと、認識し合うことができた。

「私たちは、安心して快適に暮らすために衣食住について学ぶ。性も安心して快適に暮らすために学ぶ必要がある」「私たち自身が学んだことでとても生きやすくなった」、そんな思いが地域での性教育の取り組みを後押しした。「一人ではやれないことも、仲間がいれば何かできる」その勢いが二〇〇四年度のＨ園での園児三回、保護者一回のワークショップにつながった。

幼児から始めよう

二〇〇四年度は、とにかく地域に出て活動すること。それが第一目標だ。公民館で、あるいは江ノ島女性センターでワークショップを開けるかもしれないと、いろいろ検討してみたが、大人対象では参加者が集まらないという結論に達した。どこの公民館でも女性学関係の講演やセミナーは人集めに苦労している。まして素人の行う性のワークショップでは参加者は皆無と言ってもいいかもしれない。

あれこれ話し合ううちに、開催場所も大事だけれど、これをやれるというワークショップの中身を作るほうが先だと気づいた。場所が決まったところで、「いったい何ができるの？」と言われても、「これから考えます」としか言えない私たちだった。

検討の末、大人や思春期の子どもが性について考えることももちろん大切だけれど、幼児期から性について知ったり考えたりする機会を持てば、自分の性の欲求をコントロールしたり、相手を思いやる心が育っていくにちがいない、と幼児を対象にした性教育のワークショッププログラムを作ることにした。ともかくできることから始めようというわけだ。

三〜五歳児（幼児）対象のワークショップ
「親子で知ろう　わたしのからだ　あなたのからだ」

幼児期は性を親子で学んでほしい。子どもがからだに興味を持ち始めるこの時期に、親子が性について自然に話せる関係をつくることで、性は生きるうえで大切なものではあるが、特別なものではないと子どもが認識できるのではないか。性について、からだについて正しく深く知ることで、自分も他人も肯定的に受け止めることができるのではないか。幼児期の性を私たちはそのように考え、ワークショップのテーマを「親子で知ろう　わたしのからだ　あなたのからだ」とした。

次ページが幼児対象ワークショッププログラムである。

H園でのワークショップ（幼児実践編）

ゼミの仲間の一人が幼児教室H園のヘルパーをしていて、園の代表とワークショップの交渉ができるように段取りをつけてくれた。代表とは以前、地域情報誌「WOMAN21」のインタビューでお会いしたことがあり、私たちの試みを快く引き受けてくれた。話し合いの中で、園児だけではなく保護者対象のワークショップもやることになった。保護者のワークショップについては大あわてで勉強し準備しなければならなかったが、せっかくのチャンスを逃してはならないと、すべて引き受けた。

H園での園児対象の性のワークショップは、三回行った。ワークショップの日程と内容は次のとおりである。

PartⅠ　からだのなまえ、いえるかな？
　六月一四日（おとな一回目の次の週）

PartⅡ　たべもののたび
　――たべものがウンコになるまで
　一〇月二五日（おとな二回目の二〇日後）

PartⅢ　あかちゃんはどこからきたの？
　一一月一五日（おとな三回目の次の週）

★「親子で知ろう　わたしのからだ　あなたのからだ」

〈目的〉

・自分のからだを正しく深く知ることで、「からだっていいな」「すぐれものだな」「からだがあればなんでもできる」「わたしのからだってとってもすてき」と、自分自身を肯定し、生きるエネルギーを持てるようにする。

・性について考える土台作りをする。

・家庭や幼児教室などで、自分のからだや相手のからだについて話し合い、思い合う関係をつくることができるようになる。

・自分のからだも相手のからだも大切にする。

ワークショップ「わたしのからだ　ぼくのからだ」

ＰａｒｔⅠ　からだのなまえ、いえるかな？（三〇分）

・自分のからだの正しい名称を知る。

・「人間福笑い」方式で、男女のからだの絵に、耳・眉・目・鼻・口・胸・へそ・性器をつけていきながら、各部の名称を正しく知る。

・「からだうた」を歌いながら、名称の確認をする。

・プライベートゾーンについて知る。

ＰａｒｔⅡ　たべもののたび――たべものがウンコになるまで（三〇分）

・食べ物の役目とウンコの出る仕組みを知る。

・自分が食べ物になって、からだの中をウンコになるまでの旅をする。

ＰａｒｔⅢ　あかちゃんはどこからきたの？（三〇分）

・自分が生まれるための簡単な生殖の仕組みを知る。（絵本『あかちゃんはどこからきたの』北沢杏子作――の読み聞かせ）

・卵子と精子が受精してから誕生するまでを体験する。そのさい、自分の力で生まれ出たのであり、母や父はそれをサポートしてくれたのだという認識を持つ。胎児が自分の力で生まれ出たことを大切にする。

ＰａｒｔⅠ からだのなまえ、いえるかな？

このパートは、子どもたちがからだの各部の名称を正しく知ると同時に、プライベートゾーンと言われる口・胸・性器（水着で隠れるところ）は、自分のからだの中でもとくに敏感で大切な場所なので、他人が勝手に触れてはならないのだということを知ることを第一の目的としている。

園でワークショップの準備をしながら、まず驚いたのが、保育士さんたちの指導力とスキル。がちゃがちゃしている園児を、おはなしと歌と手遊びであっという間に集中させる。おかげで、すんなり私たちの自己紹介に入ることができた。簡単な自己紹介の後、「今日はみなさんのからだのなまえの勉強をします」と、内容を説明してワークショップの開始。

園児と一緒にからだの各部の名称を確認した後、「人間福笑い」を行った（次ページ**写真１**）。園児一人ずつが目や鼻、胸、へそ、性器などの部品（裏にマグネットシートがついている）をからだの絵につけていくのだが、私たちの絵が下手なのか、眉と目が逆についたり、性器が胸になったりと、ユニークな人間ができあがりそうになることもたびたびだった。年長の園児は年少の園児がまちがうのを見て、「あっ、ちがう」と直そうとするのだが、まちがっている本人はそんな言葉はどこ吹く風。自信を持って左右の耳を逆につけたりする。私たちは内心あわてながら、「あれ？　こうじゃなかった？」と園児に直すように促す。でも、園児たちは真剣で、しかも楽しそうだった。

最後に「みなさんに知っておいてほしいこと」として、一〇分ほどプライベートゾーンについてと、人は一人一人みんな違っていていいのだ、ということを話した。しかし、これは成功とは言えなかった。三～五歳の子どもにとって一〇分は長すぎる。静かに聞いてはいるが、年少組はあくびが出てくる。よほど興味のあるものでない限り幼児の集中力はそんなには続かないのだと、いい勉強になった。そして、この経験が次のワークショップで活きてきた。

★ワークショップで作った教材（一部）

(1)からだのなまえ、いえるかな？

(2)たべもののたび―たべものがウンコになるまで

写真1 (1)で、子どもたちが体の部品をつけていったもの

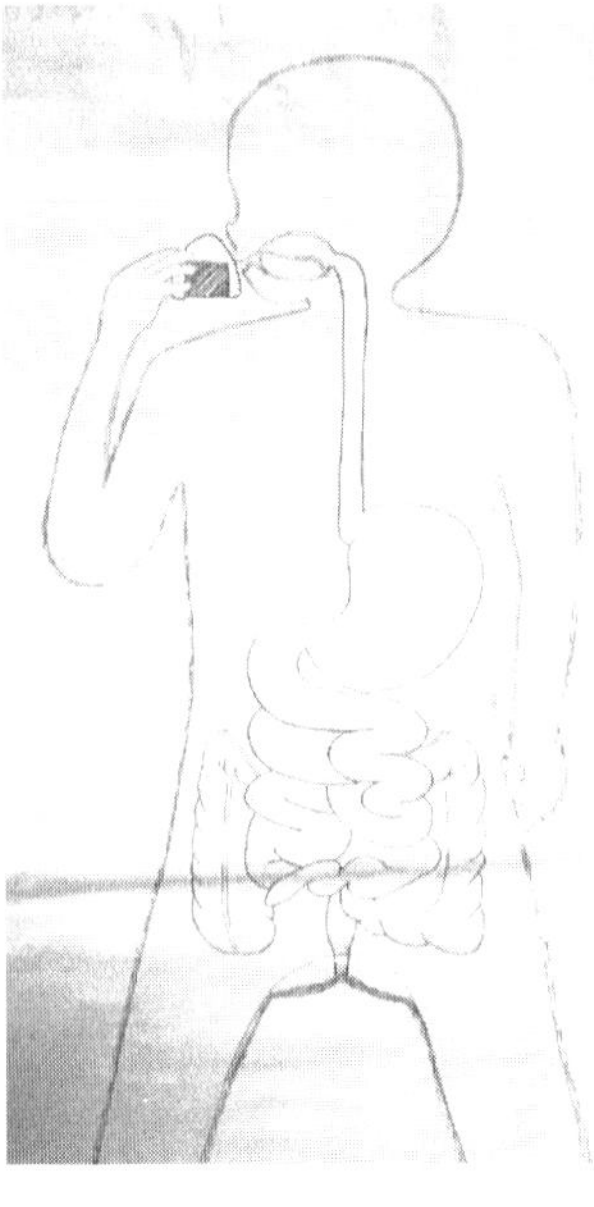

写真2 (2)の消化器官図

写真3 (2)の説明で使ったウンコの固さを表したペープサート

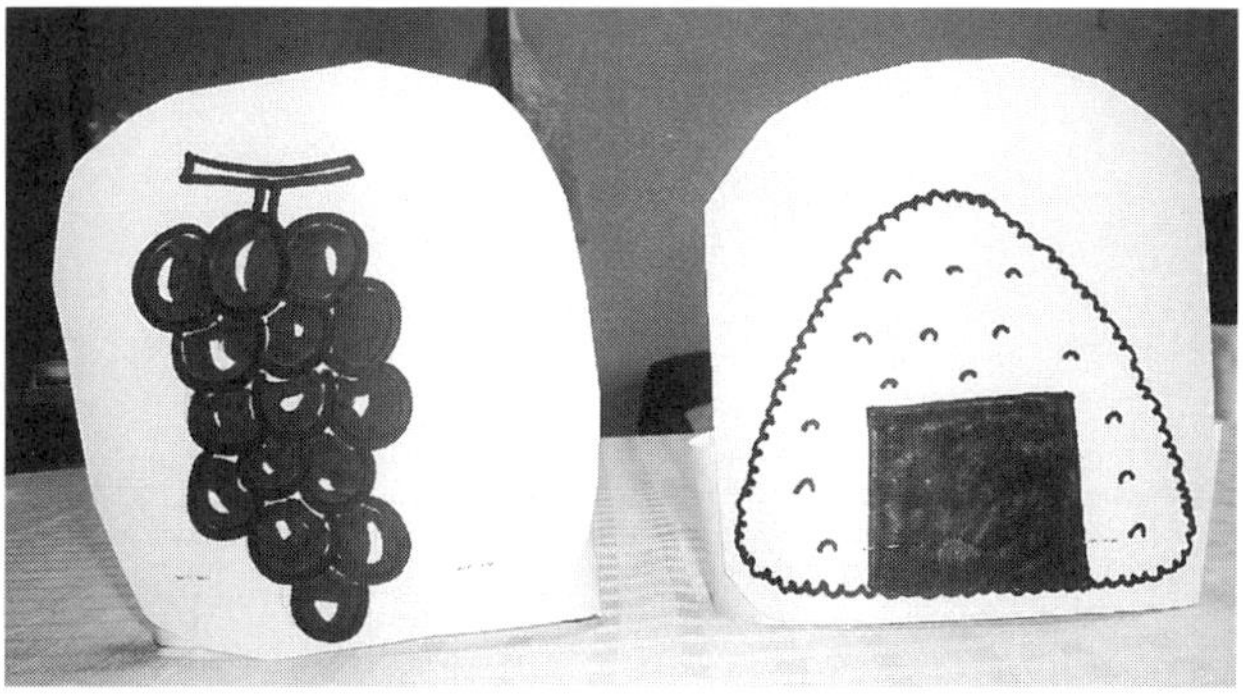

写真4 ②で、子どもたちがかぶって床に張った紙上の消化器を旅した

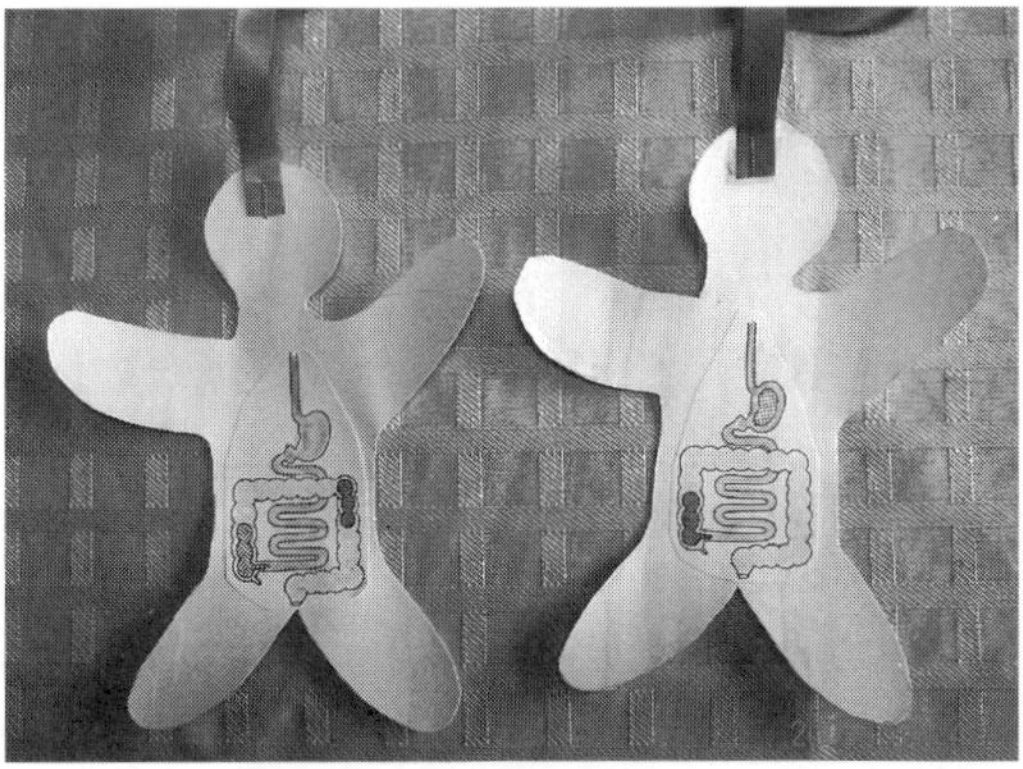

写真5 ②で、無事にウンコとして出たときに胸にかけたメダル

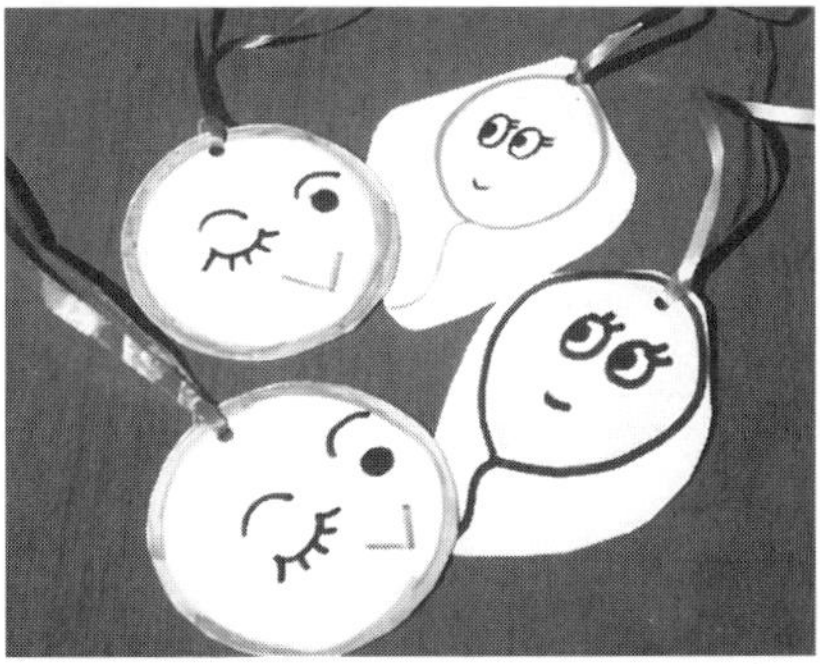

写真6「あかちゃんはどこからきたの？」の精子と卵子のペンダント

ＰａｒｔⅡ　たべもののたびーたべものがウンコになるまで

このパートの目的は、食べ物の役目とウンコの出る仕組みを知ることだ。ＰａｒｔⅠの失敗から、子どもが遊びながら学べるやり方にしようと、知恵を絞った。食べ物がウンコになるまでの説明を始めの三分ほどにして、あとは子どもたちに動いてもらうことにした。始めの説明も絵本などの言葉をまねて、「胃はミキサーみたいに食べ物をぐちゃぐちゃにまぜるのがお仕事だよ」「小腸は洗濯機が脱水するときみたいにギュッギュッて栄養をしぼりだすんだよ」などと、子どもに少しでもわかりやすくなるように工夫した。

その後、子どもたちはバナナやおにぎりの絵をつけた冠（写真４）をかぶって、紙に描いて床に張った消化器の絵の口から入り、消化器官を通り抜けて、最後に無事にウンコになってお尻から出るという体験をした。お尻から出ると、「元気なウンコでよかったね」と消化器官の絵を描いた紙製のメダル（写真５）をかけてあげたのだが、これは子どもたちにとても評判がよかった。保護者のワークショップのときに、「帰ってきて、真っ先に見せてくれました」「家に帰ってからもしばらくメダルをつけていました」などの報告をしていただいた。

ここでも感心したのが保育士さんの園児への接し方だ。胃を通り抜けるときには「グルグル、グルグル」、小腸では「ギュギュ、ギュギュ」と声かけをしながら園児を誘導していく。さすがだと、ただただ感心した。

ＰａｒｔⅢ　あかちゃんはどこからきたの？

このパートは、生殖の仕組みを知ると同時に、あかちゃんが自分の力で生まれ出ることを知ってもらうことが目的だ。

はじめに絵本『あかちゃんはどこからきたの』（北沢杏子作、岩崎書店）の読み聞かせをし、受精から出産までのことを知ってもらう。その後、卵子と精子のメダル（写真６）をつけた二人が一組になって、受精卵から胎児となり、産道を通って生まれ出るまでを模擬体験する。そのさい、胎児が自分の主体性で生まれることを確認するために、胎児役は「おかあさん、生まれるよ」と大きな声で言うようにした。それに対して、母親役が「お母さんも待ってるわ。お母さんもがんばってあなたが生まれるのをお手伝いするから、あなたもがんばって生まれてきてね」などと応えることで、胎児が主体的に生まれることがより実感できる。生まれ出たあかちゃんは、助産師役にへその緒を切ってもらって、無事出産となる。ここでは卵子と精子のメダルが園児に好評だった。

このプログラムは後に二回ほど短大で、ゼミ生、短大生を対象に行ったが、幼児より大人のほうが喜んで参加していたように思う。胎児が自分の主体性で生まれることが新鮮に感じられるという感想が述べられることが多かった。

三回のワークショップがすべて終了したあと、園の計らいで園児たちと記念撮影をした。つたない取り組みではあったが、その意気込みを感じてもらえたのだろうか。記念撮影の合間には園児たちが首にかけたメダルを見せにきたり、話しかけたりしてくれた。帰りには「今度いつくるの？」「また来てねー」と名残りを惜しんでくれ、私たちも立ち去りがたかった。また、Ｈ園ではワークショップのあと、子どもたちに絵を描かせたということで、最終日、園児の絵を冊子にまとめたものをいただいた（七八ページ**写真２**）。ＰａｒｔⅠでは、胸や性器が描かれているものもあったし、ＰａｒｔⅡでは食べ物になって胃や小腸を旅している自分が描かれていた。私たちの試みが、子どもたちの生きる力を育む手助けができただろうか。子どもたちのどこかに、ほんの一かけの何かが残れば幸いである。

地域に出て得たものは

地域で性の学び合いができたら――そんな思いをやっと形にできた。ゼミの仲間のおかげだ。ワークショップで使うグッズを作りながら、次のプログラムを考えながらじつに多くの話をした。もちろんいつも楽しいひとときを過ごしたわけではない。プログラムのアイデアが出ず、ワークショップの日程が恐ろしいほどの速さで近づいてきたり、意見が対立して険悪なムードが漂い、次はできないかもしれないと思ったりしたこともある。しかし、そこを解決する知恵も、グループの誰かが機転をきかせて出してくれた。グループでの活動は、一人では決して味わうことのできないおもしろさがあった。

　また、園の保護者の方たちと交わしたことば、ワークショップの終わりに毎回書いてくれた感想文も、これから活動を続けていくうえでの励みになっている。感想文に次のようなものがある。

　〝性教育〟に対しての考えが変わりました。やはり〝いやらしいもの〟みたいなイメージが強くて……、まだうちの子は三歳なので、分からないことと、疑問を投げかけてくることはありませんが、親としての心構えがまず大切なのだと気づかせていただきました。小学校低学年から取り入れてほしいものだと感じました。とても考えさせられました。私も、性教育を受けていない一人だと感じ、日本の教育は遅れていると思います。

　このように感じる仲間が地域に増えていくことで、性の学び合いもより充実したものになっていく。課題は多いが、最近は、もっとＬ＆Ｓの活動を広めて一緒に活動する仲間を増やさなければ、と自分たちの活動を自ら認められるようになってきた。短大以外での活動の場がなかなか見つからないのが悩みだが、「継続は力なり」である。とにかく続けていこうと思えるようになった、結成三年目のＬ＆Ｓである。

保育を通して気づいたジェンダー

吉田美和子

親として

私は結婚して仕事を辞め、子どもができるまでは義母の姉の洋品店で手伝い（パート）をして、子どもができてから家庭に入ることにしました。夫は長男でしたので、両親と同居し、嫁として両親の面倒を、母として子どもの面倒を、そして妻として夫の面倒を見るという生活でした。

子どもも一、二、三歳と成長してくると、目の前で見たこと感じたことを素直に言葉で表現してきます。夫との会話で感情的になっていると、「お父さんとお母さんは何でけんかしているの？」と聞いてきます。「お母さんとお父さんは意見が違ったので話し合っているのよ」と説明するものの、大人のごまかしやまやかしは通じません。日常の会話でも、「なぜいつも、お母さんがご飯をつくるの？」「お父さんは、クリーニング屋さんに洗濯を出しにいかないの？」「お母さんは、どうして外に働きに行かないの？」など、日常での子どもとの会話の中からジェンダーの問題が見えてくるのですが、意識を持っていないと気づかないまま通り過ぎてしまいます。そして、子どもに対して、「お父さんは外で仕事、お母さんは家で家事をしているのよ」と語ることによって、ジェンダーの再生産が無意識のうちに繰り返されてしまっているという現実がありました。

保育ボランティア

一九八五年、子どもが幼稚園に入園したとき、近くの辻堂公民館の職員から、午前中一時間お母さんが勉強している間子どもを預かるというサービスの保育ボランティアを頼まれました。そしてボランティアを始めたある日、保育が終わって帰ろうとしたら、公民館の職員から「藤沢市の社会教育課が行う『乳幼児家庭教育ボランティア講習会』に参加しませんか」と誘われ、興味があったので、参加することにしました。

講習会では、子どもの扱い方やゲームや遊びを覚えて預かった子どもを楽しませるということだけでなく、社会教育活動やジェンダー問題の視点から保育の意味を考えるということが話されました。母親自身がジェンダーの問題を認識すること、子どもが集団の中で人格発達していくことなどについて、参加者が皆で保育の実践を出し合い討論しました。女性はついつい他の誰かの都合や、偶然の成り行きに左右されがちです。そうした今の自分の生活を見つめなおすことが必要であることや、子どもも大人もたくさんの刺激や人からの働きかけを受けて主体性が育ってくるのだということ、保育はその両面を捉えていくことが必要なのだと話し合いの中から気づいていきました。このときの講習会は、決められたカリキュラムに沿って一方的に伝えられ、ただ知識を増やしていくようなそれまでの講習会の受け身の学び方とは違って、仲間から教えられて納得したり、保育の実践と自分の行動を通して確かめながら話し合うことができて、子ども・自分・夫の関係を見つめなおす大きなきっかけになりました。

幼児教室に関わって

二〇〇〇年四月、オープンカレッジを知り、申し込みました。同時に、幼児教室で週一回子どもに読み聞かせのボランティアをしている友人から、人が足りないので保育をしてみないかと言われ、関わることになりました。

その友人とは、以前明治公民館で保育ボランティアを一緒にしたことがあったのです。

この幼児教室は、一九八七年に父母と保育者で民家を園舎に改築した場所を使っています。運営委員会を月一回開き、親と保育者で協力して、ひとりひとりの子を大切に異年齢集団で保育をします。自然が人間の手によりどんどん減ってきていますが、ヨモギを摘んでヨモギダンゴを作ったり、お芋掘りをして焼き芋会をしたり、小高い丘の上からダンボールで枯葉の上をすべって遊んだり、みどりの広場でバッタやコオロギを探したり、四季折々の草花や作物の成長などを通して自然の体験を共感できるようにしています。散歩のときは車道側に年長の子が立ち、二人ずつ手をつなぎ並んで歩きます。遊びや生活や製作を通して友達と関わる力をつけるように考えています。

二〇〇五年四月一日の園児数は、つきぐみ（五歳児）六人、ほしぐみ（四歳児）七人、めだかぐみ（三歳児）一三人、ひよこぐみ（二歳児）二人です。つきぐみとほしぐみは週五日ですが、めだかぐみとひよこぐみは、何曜日に登園するかは親と相談して決めます。

藤沢市は幼児教室に対して、幼稚園に準ずる施設として藤沢市幼稚園等就園奨励費補助金・助成金・振興助成金を出していますが、神奈川県は、幼稚園設置基準・児童福祉法にのっとっていないということで「許可外保育施設」（保育を行うことを目的とする施設であって、許可保育以外のもの）と位置づけています。私たちは毎年、他の幼児教室と一緒に県に対して要望を出していますが、二〇〇五年度は、「幼児教室を児童福祉法に基づく許可外保育施設としてではなく、幼稚園に準ずる施設として認めてほしい」「医療費控除を満六歳までにしてほしい」という要求書を出しました。

子どもを預ける

かつては、子育ての時期は母親は家にいるべきだと言われていました。小さな子どもがいてわずかな時間も自由にならない母親たちですが、このごろは託児がある講演会や学習会も開かれるようになってきました。親が自分らしく生き生きと楽しくしているのを見て育つことは、子どもも自分らしく生きていく一歩になります。

今でも、女（母親）は、子育て中はこうあるべきだよ、社会的・文化的に言われてきて育ったために、自分で主体的に考えられなくなってしまっていることが多くあります。たとえば学習会・講演会に参加したいのに、子どもがいるからとあきらめたり、今は子どもが小さいからとガマンしたりします。そんなとき、自分の生き方をジェンダーの視点から考えてみてほしいと思うのです。自分が何をしたいのかを主体的に考えれば、参加するものが見つかってきます。自分は○○のために参加できない、ではなく、自分は〜したいからそのために考え行動する、ということが大事なのです。

そしてそのときに保育の必要が出てきます。母親が自分のやりたいことをするときに、子どもにとっても楽しく安心できる場所、たとえばいつも遊びに行っている公民館、近くの保育園や幼稚園、友達の家などがあると安心です。子どもにとっても、親と離れて知らない場所や初めての保育者、知らない子どもたちの中では、緊張と不安がいっぱいで、泣いたり心細かったりします。保育は、親の活動を支援すると同時に、そのときの子どもたちが安心して過ごす場所を提供し、子どもの成長を考えた場を提供することが重要だと考えています。

私の関わっている保育の場では、子どもを預かるときに、子どもの様子をよく見て関わっていきます。「あの友達はネンドで何をつくっているのかな」「積み木している、高く積んですごいね」「おもしろそうだから、やってみようか」「あのお友達、お絵かきをしている、何を書いているんだろう……聞いてみようか」などなど。その子どもが何に興味を抱きそうか、周りを見ながら話しかけて、いろいろな声かけを続けます。おもしろそうだと思い始めた子は泣き止み、真剣に見始めます。そんなときに保育者は、「○○ちゃんやってみようか」と言葉をかけたり、周りの友達に仲間に入れてくれるように頼んだりします。子どもは自分でやってみたいという気持ちが出てくると自然に体が動き、遊びだして、友達とも関わってゆけます。周りの様子を見ながら、ここでも安心だと子どもが思うこと、そして遊びに興味をもって楽しいと感じてくれることが保育の目的のひとつでもあるのです。

保育の中での子どもの姿を見て

昨年の二〇〇四年の卒園式に、五歳のＹ君は父母の席に座りこみ動こうとしません。僕一番最後だからイヤだといって動かないので困っていますと他の先生から聞いたので、どう声かけしたらＹ君の心に響くかなと考えました。「Ｙ君、先生は吉田という苗字だから幼稚園・小学校・中学校もいつも最後だったよ、おいうえお順だと「よ」は最後だよね。今日はあいうえお順で決めたので最後になったんだよね、どうしてもイヤだったら友達と相談しようか？」といったら、すぐには気持ちと体は一緒にならないのですが、気持ちは納得したみたいで目が輝いてきました。私が他の子と話している間に、自分の席に座っていました。大人だったら気持ちでは理解しても、自分の立場とかプライドとかいろいろ理由をつけてなかなか行動に移れないことが多いですが、子どもは気がついたらすぐに変更して変わり、行動につながっていきます。

ある日、子ども同士の話の中で次のような会話がありました。

「Ｉちゃんは大きい声で意見が言えるよ」

「でも、自分のことばかり言っているよ」

「Ｋちゃんは人の言うことも聞いてから言っているよ」

その子だけを見ていては見えにくいものが、互いの話を聞くことにより一人一人の個性が見えてきます。子どもの世界から大人が学ぶものもいっぱいあります。

これから

大人も子どもも人とのかかわりの中で育ちます。見えにくいものを見い出して見落とさないようにすることは一人ではなかなか難しいのですが、人の目を借り互いに指摘しあえる関係を作っていくことで自分らしさが見えてきて、生きやすくなれるのだと思います。

今、子育てをしているお母さんやお父さんが女性学の視点から子どもに関わることになれば、ジェンダーの刷り込みが少しずつなくなって、一人一人が自分らしく生きていけると思います。

次の世代の子どもたちは日々成長しています。私は、ゼミの仲間、仕事をしている幼児教室の保育士や親、日常の中で出会ういろいろな人達との出会いの中で、意見を出し合い互いに刺激しあいながら、自分らしく生きていきたいと思っています。

情報誌「ＷＯＭＡＮ21」の発行

寺田富久子

「ＷＯＭＡＮ21」はＡ四判で八ページの小さなミニコミ誌です。記事は編集メンバーが書くだけでなく女性学、宗教学、社会学の先生方にも執筆を依頼しています。専門的な内容の記事のほかに気軽に楽しく読んでもらう記事も入れるようにしています。

さまざまな分野で活躍する女性にインタビューするコーナーもあります。三〇年間休まず新聞配達をし定年退職した女性、女性のための護身術インストラクター、一人芝居を続けている人など、これまで一三名にインタビューしましたがすばらしい方たちばかりでした。その方たちも今では「ＷＯＭＡＮ21」の強力なサポーターになってくれています。その他にもいままで延べ五〇名以上

二〇〇一年からゼミ仲間と発行をはじめた情報誌「ＷＯＭＡＮ21」の表紙に「ジェンダー・バイアスのない眼で、あらゆるものを見直しましょう。〝女らしく〟〝男らしく〟でなく、自分らしい生き方を探す情報誌です」という文が載っています。この文を読むと「ジェンダーという言葉はゼッタイ入れたいね」「自分らしいという言葉はいい」『…らしさ』という言葉はなくなってほしいよね」とゼミ仲間と楽しく表紙作りをしたことを思い出します。「専門的な用語はできるだけ避けて学生にも楽しく読んでもらえるようイラストをたくさん載せようよ」というのも仲間の一致した意見でした。

の方がカンパをして発行を支えてくれているのですから、がんばらないわけにはいきません。

情報誌を発行したい

私がジェンダーについての情報誌を出したいと思い始めたのは女性学を学んで半年くらいしたころでした。「ジェンダーの視点で見ると世界はまったく違ってみえる。こんなに意義深く楽しい考え方を独り占めしておくのはもったいない、他の人にも伝えたい」という思いがだんだん強くなってきました。それまで数年間、社会教育関係の地域情報誌の発行に関わり多少の経験もあったので「志をおなじくする仲間がいればたぶんできるだろう、足りないものは補い合えばいいし、これまでの地域活動の女性のネットワークがサポートしてくれるだろう」と漠然と考えていました。オープンカレッジを修了したとき、私のすぐ前の席で熱心に受講していた女性を誘うと「やってみましょうよ！」と即座に応えが返ってきました。これならできると確信し、その後何名かを誘い最終的に五名のメンバーで発行することになったのです。

一九九九年に施行された男女共同参画社会基本法は「二十一世紀の我が国社会を決定する最重要課題と位置付ける」という前文を掲げています。そこで誌名は、二十一世紀には基本法の理念である「男女が性別による差別的取扱いを受けない、男女の人権の尊重を実現する」という願いを込め「ＷＯＭＡＮ21」と名づけました。

五人のスタッフはそれぞれ仕事や社会活動に携わり忙しい毎日を送っているので発行は年四回にしました。一号を発行するまで期間が短かったのですが、「なんとかなる、まずやってみよう」と気軽に作り始めました。

テーマはジェンダー

第一号の特集は「むかしは常識、今は非常識」。元禄時代は妻が夫に高利で金を貸すこともあったという例をあげ、社会規範は時代によって変化するのだから現在の社会規範もジェンダーの視点で見直そうではないかというのがテーマでした。

これまで「ＷＯＭＡＮ21」は労働事情、法律、教育、セクシュアリティなどジェンダーに関わるさまざまなテーマを取り上げました。小松加代子先生には「フェミニズムと宗教」「フェミニズムとキリスト教」「フェミニズムと仏教」など女性と宗教シリーズを。仏語翻訳家にはフランスのパリテ法やＥＵの男女平等政策など女性の権利に関わる海外の法律や男女の最新のフランス事情をシリーズで書いてもらっています。助産師養成教師である編集メンバーは女性の身体について。またユニフェムで活動をしているメンバーは国外の女性問題を詳しくリポートしています。女性学のゼミ生に依頼して記事を書いてもらうこともあります。映画好きなゼミ生にはジェンダーの視点で観た映画評を、藤沢市議会・審議会に関するゼミに参加しているゼミ生には臨場感あふれる傍聴記を書いてもらっています。

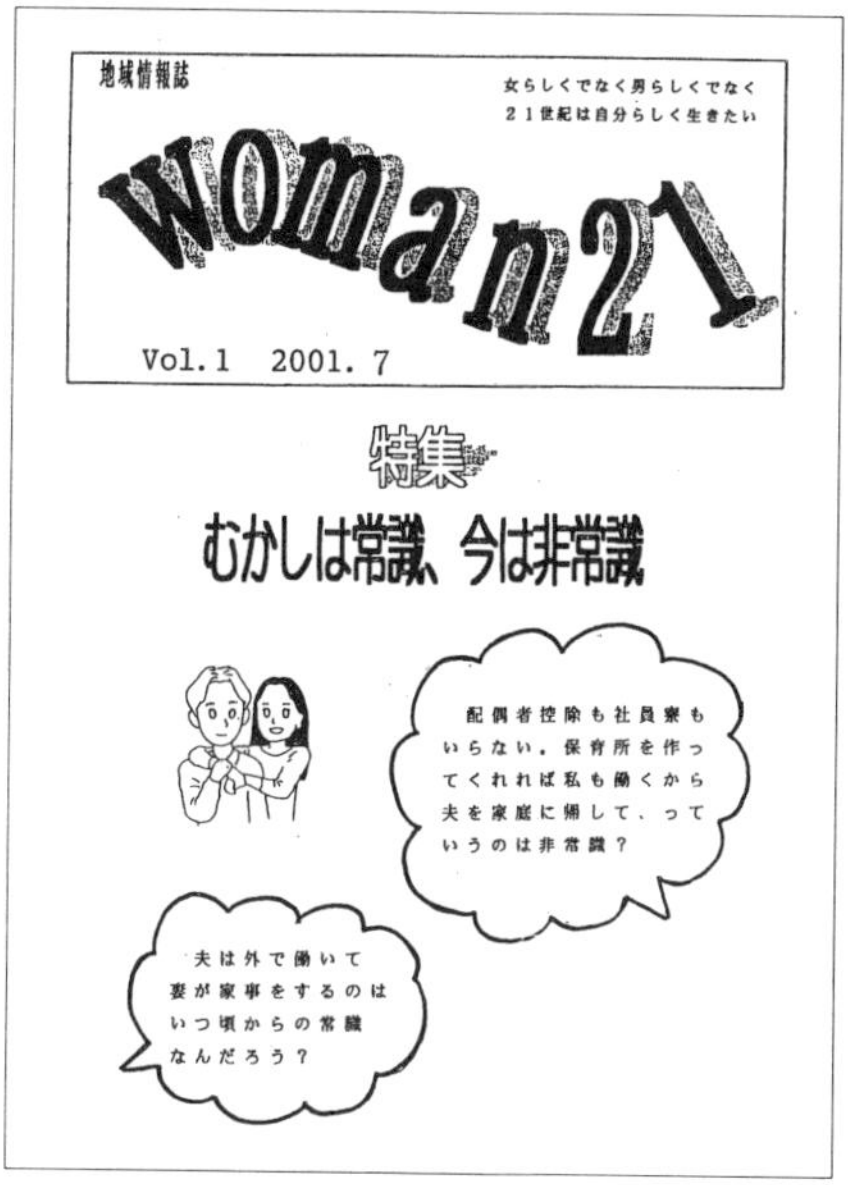
地域情報誌
女らしくでなく男らしくでなく
２１世紀は自分らしく生きたい
woman21
Vol.1　2001. 7
特集
むかしは常識、今は非常識
配偶者控除も社員寮もいらない。保育所を作ってくれれば私も働くから夫を家庭に帰して、っていうのは非常識？
夫は外で働いて妻が家事をするのはいつ頃からの常識なんだろう？

「ＷＯＭＡＮ21」創刊号

インタビューはおもしろい

誌面作りでもっともおもしろく感じるのはインタビューです。インタビューをした人達から多くのことを教わりました。市会議員でスクールソーシャルワーカーであり性教育講師でもある人の話から現在の子どもたちの苦悩を知りました。

インタビュー先の光景に驚いたこともあります。「いのちの学習」という出前講座をしている助産師にインタビューするため助産院を訪れると、出産を控えている母親達と父親達や子ども達の数家族が大きなテーブルでにぎやかに食事をしていました。この目の前のできごとと

「出産は病気ではなく家族全員で見守りながら新しい命を迎えるんです」という助産師の話に「こんなお産の仕方もあるのか」と驚いたものです。

読者の感想

「WOMAN21」は二〇〇五年一〇月の発行で一八号になりました。五百部発行し、個人的に配布するほか藤沢市と茅ヶ崎市の大学、図書館、公民館、市民活動サポートセンター、子育て支援センター、女性センター等に置いています。

また読後感をメールしてくれる読者もいます。いくつか取り出してみると、「魔女狩り」を特集した号では「魔女狩り、知ってました。でもそんな背景があるなんてね。時代の波に翻弄され叫びながら命を落とした彼女らに胸が苦しくなりました。極端な男性社会が、こういう悲劇を作り出したのね、て、言うか今もあらゆる場面で競争社会、お金社会の犠牲者にみんな結局なっているって、分かっちゃいるけど誰もやめられない」。また別の号では「インタビューに出ていたTさん、お子さんが定時制ということで、いろいろあったかも知れないけど、そしてこれだけの紙面じゃぜーんぜん足りないだろうけど、伝わってきます。熱いおもいが。若者…この社会をつくって若者にバトンタッチするのは、まさに私たちなんだって、暖かいおとなの思いがあふれています」。またSTD（性感染症）を取り上げた号では「かつては特殊な人がかかるものだったのが、いまはちまたにそういう危険がある。とくに若い子があぶないっ！　時代を導くメディアがよく学び、正しい知識を広めてってというのは無理かな？」。また『砂漠の女ディリー』（ワリス・ディリー著）を紹介した記事に対しては「もう涙なくしては読めない。なんという男社会！　こうして読んでいくうちに、歴史の中からどれだけ男社会が悲惨を生んでるか分かります。これは男が読む情報誌ですっ！」と編集の疲れもふっとぶような励ましを受けることもあります。

情報誌発行のコツ

ときおり「情報誌を年間四回発行するのはたいへんでしょう？」と問われます。ところが大した負担を感じないで発行できるのは周りの人たちのサポートはもちろんですが、ＩＴの力が大きいのです。

実際に編集作業を行ってみると原稿はメールで送付し編集はパソコンで行います。そのためスタッフ全員が集まるのは毎号発行時に印刷＆編集会議をする一回だけ。仕事を持ち、家事や介護を担っていてもパソコンを使えば情報誌を作るのはそれほど大変なことはありません。そのうえ「無理をしない」「できることだけやる」「のんびりやる」「楽しくなくなったらいつでもやめる」という〈心がけ〉が四年間続けさせているのかもしれません。これからもなごやかに、ゆるやかに「ＷＯＭＡＮ21」の発行・編集を続けていきたいと思っています。

相談員と女性学

濱田範子

私は一九九八年にボランティアの相談員になり、二〇〇二年から行政の女性相談の非常勤相談員として仕事をしています。私の経験をお話ししたいと思います。

自分に気づく

私が相談員になったのは、一〇年ほど前（一九九五年）の子どもの不登校がきっかけでした。小学五年生の終わりから一年弱不登校になりました。今から思えば短い間だったのですが、そのときの私は正直、半狂乱でした。不登校は行かない子どもの問題ではなく、私の問題でした。夫は仕事が忙しく、当然、子育ては母親である私の役割でした。転勤などで海外を含めて、子どもはそのとき二つ目の小学校でした。数年おきに変わる学校に必死で溶け込もうとしていましたが、私はそれが当たり前のことだと思っていました。もちろん不登校の状況は人それぞれですが、私の思いもあり、限界だったのでしょう。

＊

夫と同じ大学を出て、駆け出し時代に仕事をやめ、夫が会社で力をつけていくのを横目で見ながら、家事、育児に専念するものと思っていました。「幸せな結婚」とはいえ、仕事のきつさや世間体、親から逃げ込んだ結婚でした。が、私なりに結果を出さなければと思っていました。しかし家事に結果は見出せず、目に見える子どもの成績が私の成績のように感じていたのです。子どもがどんなに頑張ってもどこかで「私が頑張っているのだから当たり前」と思っていたのです。「この子はどうかしている。早く治して下さい」。駆け込んだ小児精神科で、先生に「息子さんは疲れています。ゆっくり休みましょう」と言われました。私はとてもそんな気になれずにいると「あなたのカルテも作りましょうか?」と言われたのです。え? もしかして私がおかしい?と気づいた初めでした。

もちろん、子どものことは母親の責任とは思っていましたが、どこかで「子どもがおかしくなった」と思っていたのです。私がおかしい? それは私のすべてを否定されたようでした。しかし一方で、いい母親を演じるのに一杯一杯で苦しかったことにも気づいたのでした。子どものことからそういう自分のことが一気に襲ってきたのでした。学校に行かないことを責めなくなってから、子どもになぜ?と聞いたことがあります。子どもはいみじくも「お母さんが心配で学校に行けない」と言ったのです。

＊

とにかく、子どもに心配をかけないことが私にできること、何よりこの苦しさを解決したいと、思いつくままに始めてみました。一九九六年に藤沢市大庭《おおば》の公民館で行われた女性セミナーで、フェミニストカウンセラーによるアサーティブトレーニング(自己表現・主張トレーニング)に、またそのなかのメンバーと講師の指導で、二年間のCRグループ(意識覚醒グループ、女性たちが集まって話し合うことで自分達の問題に気づく)に参加し、一九九七年にボランティア電話相談員の養成研修にも応募しました。そして二〇〇一年にオープンカレッジで女性学に出会えたことも大きな転機になりました。

親との関係

私は地方の開業医の長女に生まれました。弟が二人。父は大正、母は昭和一桁生まれで一回り違い。一日中家にいる父の機嫌は豹変し、顔色をいつもうかがい、ぴりぴりする毎日でした。身体的暴力は少なかったものの大声で怒鳴る、母や私に親戚や近所、友人との付き合いを制限し、経済的に縛るなどで支配しました。母は三人目を生むと結核になり、逃げ込むように入退院を繰り返した末、四六歳で死にました。父の口癖は「誰のお陰で食わせてもらっている」、「女は何もできない」、「女は考えるな」で、事あるごとに女であることを軽蔑しました。母は反発しながらも、結局は力のない女であることを嘆くばかりでした。

今思えばDV（ドメスティック・バイオレンス）夫の常套句を毎日毎日聞かされていたとわかります。母の介護をし、弟達の母代わり、家を切り盛りする妻代わり。反抗らしいことといえば、医者との結婚を拒否したくらいで、働いて自立して生きていく自信など持てるはずもありませんでした。好きな人と結婚し、親に望めなかった子育てをする、それが残された夢でした。その失敗（？）は完全に私の存在価値をうちのめしました。頭に浮かんだのは、こんな私は生きていてはいけないというメッセージでした。まさに私の「危機」でした。

DVを目撃する子どもは必死で両親の仲を取り持とうとします。両親の顔色をうかがい、いい子でいようとします。親の不機嫌、不幸を自分のせいと自分を責めます。しかしどんなに頑張っても親を救うことはできず、自分の自己価値はとても低くなります。二〇〇四年にはDVを子どもに見せることも児童虐待と定義されましたが、まだまだ知られていないのではないでしょうか。理由は忘れましたが、私は中学時代に二度ほど死ぬつもりで踏み切りに座ったこともありました。根底にずっと自分が、そして女であることが嫌いでした。

出会い

自分に自信が持てませんでした。女だから、嫌われたら生きていけないと強烈に思わされていましたから、常に相手の顔色を気にし、いい奥さんや母親を演じることにも疲れ果てていました。自分の気持ちを伝えると嫌われそうで言えなかったり、そのくせそれを察しない相手を責めたりしていました。アサーティブに出会い、自分や、相手を責めたりせずに、自己表現できることを知り、とてもほっとしたことを覚えています。同性の友人と疎遠だった私は、CRグループで同性の仲間に出会うことができました。そこでは何を話しても責めずに聞いてもらえました。嫌われたら生きていけないという恐怖（もちろんそれを意識していたわけではありません。CRで話し合ううちに気づいたのですが）から、このままの私でいいのだと少しずつ思うことができたのです。そしてそれは私だけでなく、それぞれ皆程度の差はあれ、同じようでした。親や家族との関係の中で、女性として生きることに息苦しさや戸惑いを感じていることに気づかされたのでした。私一人では決して気づけないことでした。

CRの次に始めた相談の研修は、週一回夜二時間の一年間の研修、その間二回の合宿がありました。それまでの私では、主婦が夜出かけるなんて（子どもはまだ小学生、夫の帰りは遅い）考えられないことでした。しかしそのときの私はこれをやらなきゃと必死でした。今では考えられませんが、夫の許しを得、食事の用意をし、夕方、電車に乗り込むと、「○○さんの奥さん」、「○○ちゃんのお母さん」から、一人の私に戻っていきました。仲間と話し、泣き、笑い、それまで私になかった子どもや青春時代を取り戻すようでした。その後、放送大学で心理学も学びましたが、CRや相談の研修という安心して語れる場があったことや様々な人との出会いで、幸いにも私は「危機」を乗り越えていました。

＊

電話相談員になったこともあり、CRを指導してくれた講師に誘われて、すでに女性相談をしている方達とともに、女性による女性のためのカウンセリング、フェミニストカウンセリングの勉強会に参加しました。DVやセクハラが社会的に認知され始めた頃でした。DV、セクハラの構造に社会的問題があるとわかってきました。両親の関係がDVだったとわかったのもそのころです。

フェミニストカウンセリングの学会に誘われて行ってみたところ、全国からの参加者が、男性も交えて真剣にいろいろな問題を話しあっていました。すぐにその必要性はわかりましたが、話されている単語がよくわからない、何が問題で議論されているのか、基本的なことがわからないと痛切に感じました。図書館で本を読んでみても、一人では不安、大学に行くしかないのかと思っているときに目に飛び込んできたのが、オープンカレッジの「女性学」の講座だったのです。「女性学」なるものがある、ということもそのころやっと知ったばかりでした。それがこんなに身近でしかも無料だなんて、半信半疑。正直、そんなに期待もしないで参加したのです。

女性学と相談

それまでにもいくつかDVなどの研修会や講演会にも行っていましたので、それでも少しは知っているつもりでした。しかしすぐにそれは違うことがわかりました。毎回きちんきちんと説明されていく、まさに「女性学」にふさわしい、たくさんの「学」がそこにありました。日常の中の性差別用語、ジェンダー、自分の体、避妊、中絶、女性と仕事、セクハラ、DV、出生前診断、生殖技術、結婚と法律、リプロダクツ・ヘルス／ライツ、メディア・リテラシィ……。

それまで四十何年生きてきたにもかかわらず、私は自分の体もよく知らず、知りたいとも思わず、性や妊娠（避妊）、出産もそれが普通と、誰かにお任せしてきたのだとはっきりとわかりました。中絶一つとっても、世界では許されない国がたくさんあり、日本もいつそうなるかわからないこと、またたくさんの悲劇があることなど、日本では報道されない大きな問題があると知ったのです。同じ女性として知らなかったことを恥じ、毎回の授業がこんなにも待ち遠しいなんて初めてでした。

当たり前だと思っていた自分の考え方がどうしてできたのか、自分が今ここにいることに全部説明がついた気がしました。家に帰るや、誰もいない部屋に「探していたのはこれだったよ」と大声で叫んで、母に報告したことを鮮明に覚えています。一年が過ぎたとき、私は女であることを誇りに、そして好きになっていました。オープンカレッジ後の二年間のゼミでの新たな仲間に出会い、さらに深めて話し合ってきたことで、「女性学」が女性だけでなく、広く皆に大切なものなのだという気持ちを強くしています。加えて言えばこの四年間で私一人ではなく、家族も変わったと実感しています。

＊

一年目のゼミで『日本の男はどこから来て、どこへ行くのか』(十月舎) を読みました。それまで男性のことは考えたこともなく、男性、身近な夫に対しても、私は損、被害者だという意識がありました。しかし男性もジェンダーの中で苦しんでいることを知りました。

ボランティアの電話相談でたくさんの男性にも出会います。「リストラで家族を養えなくなったから、死にたい。男として耐えられない」という相談は、いっこうに減らないと感じています。「男はこうあるべき」から逃れられず、「男」ゆえに誰にも相談できずに、匿名の電話にやっとかけてくるのですが、まだまだ少ないのではないでしょうか。逆に女性から「夫の収入が少なくなった」と相談が入ることもあります。「あなたも働いて家計を支える責任がありますよね」と言うと驚く人もまだ多いのも事実です。男性の意識の問題だけではないのではないでしょうか。

女性相談ではＤＶやセクハラだけでなく、女ならできて当たり前、できなければ女性失格ではと、夫や家族の手助けがなかったり、頼みたくても言い出せない家事、育児、介護に関すること。親子関係にも母ならば、娘、息子(嫁)ならばの期待のすれ違い。周囲との関係を重視する女性にとって大きな問題である、近隣や親族との関係の不調など、多岐にわたります。自分ひとりの問題と思っていることでも「女は」「男は」こうあるべきという社会的、心理的、性別役割分担意識 (ジェンダー) に縛られていることはとても多いのではないでしょうか。

相談の会話の中で、相談者が「主人が…」「嫁が…」などと話されることが多いのですが、「あなたの夫が…」「息子さんのお連れ合いが…」と私は必ず言い換えてお話しします。それで、はっと気づく人もあれば、怪訝な顔をされることもありますが、長い間にそれが当たり前と思ってきたことでも、言い方を変えることで意識が変わることもあるのではないでしょうか。相談者の考えの背景に社会的背景があり、相談者が自分を責めなくてもよいことを説明すると、問題の大半は解決がつくことも多いのです。心理学では〝ありのままの自分を認める〟とよく言われますが、〝ありのままの自分〟である前に〝「女である」「男である」自分〟があるのではないでしょうか。

　ジェンダーはまだまだ当たり前のことと疑問すらもたれない状況です。相談の研修の場でＤＶの話がやっと出るようになりましたが、残念ながらその背景にあるジェンダーの話が出ることはほとんどありません。一般的な心理学の学習の中でも、いまだに重要視されてはいないように感じます。私にはオープンカレッジで「女性学」を学んだことがしっかりとした根拠になっています。

＊

　子どもの不登校という私の「危機」が起きたからこそ、いろいろなことに気づけました。相談で出会う人は今、自分の「危機」に直面しています。なぜそれがその人の「危機」なのかに重要な意味があります。相談員としてはまだまだ未熟ですが、仲間とともに、どう取り組んで行けばよいのか一緒に考え、そこに一緒にいられたらと願っています。

　長い間その人の考えを形作ったなかには、ジェンダーの影響はとても大きく関わっています。それに気づき、元気を取り戻し、その人らしく歩き出して行く姿に勇気づけられています。

〈参考文献〉

『女性問題キーワード』監修　矢澤澄子　ドメス出版、二〇〇二年
『日本の男はどこから来て、どこへ行くのか』浅井春男、伊藤悟、村瀬幸弘編著、十月舎　二〇〇一年

心と体の力に気付く護身術と女性学

橋本明子

生きている実感を失った十代

私がＷＥＮ-ＤＯ（女性のための護身術）講師として活動を始めて三年が過ぎた。こういう活動をしていると、さぞや若い頃から活発で、運動が好きで健康的な生活を送ってきたんだろうと思われることが多いが、私の場合は十代をまさに死んだように生きてきた。

小学校六年のときに両親が離婚し、母と祖母と共に新しい家に移ると、そこにすぐに義父が同居するようになった。この義父は女の噂の絶えない男で、これまで何人もの女と浮き名を流していたが、本妻との籍を抜くことはなかった。しかし、私の母と婚姻届を提出するために、長年苦労させ続けた妻を捨てた。（あちらはほっとしたそうだが。）

しかし、母との結婚は男の仕事上で必要なお金を経済力のあった母から引き出すため、そして借金の連帯保証人にするためだけのもので男のほうに愛などかけらもなかった。

しかし、母はその男にすべてをかけ、周りが何も見えなくなった。結果、男はあっという間に本性をあらわし、それまで同様、身の回りの女にはすべて手を出さなくては気が済まない病理を私に向けた。私はわずか、一一歳にして売春婦のような生活を押し付けられた。お客は義父一人。母は、たった一人のお客の機嫌を損ねないために精一杯のおかみさんになった。さらに、その生活をいっさい外に漏らさないよう、親戚の家に泊まりに行くことも禁じられ、外では、家のなかでは何事もないかのように振る舞うことを要求された。要求に背くことは生活の場を失うことに直結し、生活力のない子どもの私は黙って従うしか生きる術はなかった。

それに続く二十代も心に重たい痛手を抱えたまま、自分が何に苦しんでいるのか、なぜ説明のつかない怒りを持っているのかすらわからず、ただ時が過ぎるなかで流されるように過ごした。

*

二〇〇〇年の秋、私ははじめて『WEN-DO 女性のための護身術』と出会った。この出会いがそれまでの私の無力感の原因を知ることにつながり、女性に対する社会からの抑圧が様々な力関係のなかでの暴力を生み出し、それが私を押しつぶしてきたのだと、わかった。

初めて学んだ「人権意識」を持って付き合う人間関係

一九九五年に子ども虐待を考える市民活動に出会い、さまざまな暴力の事実を学ぶ機会に恵まれ、ようやく自分が「大人からの圧倒的な虐待という暴力を受けつづけた被害者」であることを知る。それまで、被害者(被害児)の落ち度を責めるばかりの人間関係のなかで、「私がいたから性的虐待が起きた」と思い込まされていた。しかし、事実は違う。「加害者が犯罪を選んだから、私が被害者になった」のだ。そこからCAP(子どもへの暴力防止)の活動を知り、自分の被害経験から、子ども時代に予防教育を受けることの必要性を深く感じ、子どもたちに知識を伝えるスペシャリストになることを決意した。

決意すれば、行動が決まる。さっそく、札幌まで養成講座を受けに行った。子ども二人を抱え(うち、一人は軽度知的しょうがいじ・現在は個別支援学級に元気に通っている）、外泊なんてどうすればできるんだろう？（当時はまだ子どもたちに睡眠障害があり、私は何度も夜中に起こされていた）という見切り発車だったが、何とかなるものだ。夫の協力の元、出産後初の三泊四日の「お出かけ」が実現した。

二四時間のトレーニングを受け、無事にスペシャリストとして認められ、神奈川県のグループに所属した。私は初めて、「人権意識」を持ったうえで付き合える人間関係を学ぶことになる。

ようやく、目の前の霧が晴れてきた。それまで私の周りにはいつでも薄いビニールが張られているように感じていた。自分と人との距離があいまいなのだ。しかし、ビニールはいつのまにかなくなっていた。そして、ＣＡＰの活動で走りまわる日々のなか、ふと目にした講座が『女性のための護身術』であり、ＷＥＮ-ＤＯインストラクターへの道につながった。

フェミニストカウンセリングから オープンカレッジ・女性学へ

ＷＥＮ-ＤＯのワークショップを開催するなかでさまざまな人との出会いがあり、そのなかで「やはりじっくりカウンセリングについて学んでみたい」と考えるようになった。

ＣＡＰの活動のなかでは子どもたちの話を聴く機会がたくさんある。自分がどれほど、心をより添って子どもの話を聴けるか？と、いつも自分に尋ねていた。今日の対応はどうだっただろう？と考える。満足したと思えることは滅多にない。たった一度の短時間の出会いのなかで逃げ場のない子どもの話を受けとめるだけで精一杯だった。「虐待」のなかで、もがいていた子どものころの自分の姿が、目の前で涙を流す子どもに重なることもしばしばだった。ときに子どもの話が苦しくて、眠れなくなったり、いつのまにか涙が流れていることが続いた。

＊

「このままではセカンダリィトラウマで私が潰れてしまう、話を聞ける健康な心の状態を自分でコントロールできるようになりたい」その思いを抱えて、二年間のフェミニストカウンセリングの講座に通うことを決めた。その講座で出会った人から「女性学」という学問があり、学びたければ、一年間、短大に通って、学生と一緒に授業を受けることができるという話を聞いた。

それまでも、断片的に歴史や時代のなかでの女性の立場の変化などについては講座に参加する機会があった。しかし、大きな流れを知ってみたいと思った。女性の生き方、生き様を知ることで、社会的に女性の立場がなぜ低くされるのかということや何故、子どもの私が大人の男から性的に搾取されなくてはならなかったのかがわかるのでは？と思った。

「知りたい！」その思いが、二〇〇四年の湘南国際女子短期大学のオープンカレッジ「女性学」へとつながった。

＊

なぜ「女性のため」の護身術が必要なのか？を考えるときに、単に男女の身体のつくりの違いだけでは説明のつかない、もっと大きな社会の空気を感じる。男性は暴力を受けそうになったときに、力で対抗することにほとんど躊躇がない。いや、むしろ力があることを見せつけることが自分の存在を知らしめる手段になっているように感じる。そして、女性はどうか？　女性は力が弱く、誰かに護ってもらうような存在であることを期待されているように感じる。

私はその空気に取り囲まれることが息苦しく、ときに酸欠状態になりそうだ。私の生きる力を奪おうとする、この重たい空気の正体が「女性学」を学ぶことで、「いったい何なんだろう？」というもやもやとした思いから、徐々に変化してきた。「何だろう？」という思いに言葉がついてきた。感情を表す言葉を知ると、思いは整理することができる。それは、護身術に参加する女性たちにとっても同じようである。

中高年でも護身術は必要なのに

護身術に参加する女性たちの年齢はさまざまだ。もちろん環境もさまざまである。小学生から八〇歳の人までいる。杖をついた女性も参加したし、妊娠六か月の人も元気に参加してくれた。また、車椅子に乗った女性、しょうがいのある女性もいた。どこのワークショップでも若い女性たちは日本の安全神話が崩れ、自分の身を自分で護る方法が知りたいと考え、自分のために参加していることを話す。

しかし、中高年の女性、とくに閉経後の女性は「私はもう襲われる心配はないけど」と前置きしたうえで「娘が忙しくて来られないから」「孫の代わりに参加した」と誰かのために自分がワークショップに参加していると話す。もちろん、それはそれで意味のあることだと思う。だが、「誰かのため」に参加した彼女たちはワークショップの途中からすこぶる元気になっていく。そして終わりのときには「今日は本当に楽しかった、来て良かった」とまぶしいばかりの笑顔を見せる。

最近になってわかったことは、中高年になった女性が自分のために「護身術」を身につけようとしたときの周りの反応を考えて、「誰かのために……」という理由が欲しいのだということだ。また、女性は「誰かのため」には最大限の力を発揮しやすくなる。本来、大切な自分を護るために一番力を発揮してよいはずなのだが、私たちの生きている社会は「女性は誰かのために尽くす姿が美しい」という思い込みがあり、私たちはその思いを刷り込まれて育ってきている。

ここに女性に対する性差別を見ることができる。まず、年齢差別である。女性に対する暴力、チカンやセクハラ、レイプなどの性犯罪は若い女性にだけ起こるものだと社会が考えていることだ。だが、事実は違う。誰でも被害者になりうるのだ。しかし、性被害は若い女性にのみ起きることと考えている社会で、もはや若いとは言えない世代の女性が自分の身を護る方法を知ろうとすると、周りはどのような反応をするだろうか？「まだ、襲われる心配してるんだ」「そんなもの好きはいないよ」と馬鹿にされることがある。自分の身を護る方法を知ることは安全に生きていくための当然の権利である。しかし、その権利を主張すると年齢を盾に馬鹿にされるという差別が起きるのだ。

また、閉経後の女性がチカンに遭ったという話をしたら、周りはどう反応するだろう？　「まだ、女として見られているなんて若い証拠だよ」「まだ現役ですね」などと、暴力を受けて傷ついている人にさらに傷つける言葉を投げてくる。

話した被害者は、このような言葉をかけられて、どう思うだろうか？　言わなければよかった……と感じることがほとんどだ。被害者が、その辛い思いを語るのはわかって欲しいからだ。自分が辛い、悲しい、なぜあんなことが自分に起きなければならなかったのか？　さまざまな思いが渦巻く心に誰かに寄り添って欲しいから話すのだ。その必死の思いを受けとめてくれる土壌があまりにも乏しい。

そのために、中高年の女性への性被害が世のなかにはたくさんあるにも関わらず、被害者がさらに傷つけられることを怖れ、口を開かないため、世のなかには「ない」こととされてしまう。

むずかしい世代間のつながり

「誰かのため」に護身術のワークショップに参加しているということで自分の身を護る方法を安全な環境で知ることができるのだと私は最近、ようやく気付いた。自分の身を護る方法を自分が知るのは当然の権利なのに、その権利を行使するために、女性はここまで気を遣わなければならない社会は何かがおかしい。

しかし、これも「差別」という事実に気付かなければ、何気なく通りすぎてしまうことかもしれない。習慣として生活に入り込んでいるものは意識することもむずかしい。そして、意識し始めると今度は、それに気付かない人との意識の差を埋めることがむずかしくなる。

義務教育のなかで「女性学」を男性、女性を問わず誰もが当たり前に受講できるようになれば、社会のなかに組み込まれているさまざまな差別や、からくりに気付く機会を得られると思うのだが……。

気付く機会のないままの今の社会のなかでは、女性同士であっても、年齢差別はある。「女性」としての意識を年齢を重ねても持ちつづけている人に対して、若い女性は冷たいと感じることがたびたびある。これも、日本の男社会のもたらした悲劇か？ 女性は若いほど価値があると思わせるような報道やマスコミの扱いが、女性のなかの世代間の隔たりを作り上げているように思う。

しかし、人にしたことは必ず自分に戻ってくるのだから、今は若く、それゆえ社会から心地よく扱われている世代もいずれは世代交代が起きる。そのときに歯軋りしないためには、若い女性のみを価値ある存在のように扱う社会で、誰が本当に得をしているのだろう？と考える必要があるだろう。年齢と共に人生経験を重ね、知恵と経験で賢く行動できる女性を遠ざけたいのは誰だろう、それはなぜ？と考える必要がある。

考えるためには女性同士の世代間のつながりが必要なのだが、日本は世代を超えてつながりをもつことがむずかしいように感じる。世代を超えた付き合いというものが成立しにくい。同じ時代に生きているにも関らず、別の世界に暮らしているように感じる。だから余計にお互いを知る機会もなく、誤解と錯覚を持ちつづけたまま、溝は深く横たわるばかりだ。年齢が違えば人生経験も違うのだから、世代を超えて女性同士がつながりあえれば、暴力に対しても何ができるか？ どうすることが効果的か？と知恵を出し合って考えるきっかけが作れる。

また、こうしたら暴力を回避できたというサクセストーリーを共有できれば、お互いの力づけになると思うのだが、日常生活のなかではそれは本当にむずかしい。

語る言葉を「女性学」で

ところが、ＷＥＮ－ＤＯ『女性のための護身術』のワークショップのなかでは、世代を超えて考えを出し合い、協力する姿を見ることができる。これは、興味のあることが同じであるという共通点をもった女性が集まるという大きな利点があるから比較的、簡単に関係を成立させることができると思うのだが、それにしても同じ女性というだけで、世代が違っても出遭う暴力がなぜここまで共通しているのだろう？と参加者同士が驚いている姿もよく見られる。

これまで、自分だけの問題と思い込んでいたことが、じつは女性全部の問題だったのだと気付くことで、個人の問題は社会の問題であるという大きなテーマにたどり着く〟誰もが抱えている女性の体をもちながら、この社会のなかで生きる不安や居心地の悪さに、なぜ言葉が与えられていないのか？

語る言葉をもたなければ、問題意識をもつことができない〟では、どうしたら言葉の与えられていない不安に言葉をつけられるか？　私は正しい知識をもち、学ぶことが一番だと思っている。「女性学」を学ぶことが一番の早道だ。そして、信頼できる人間関係を広げていくことだろう〟とくに女性同士が草の根でつながる関係をシスターフッドと言う〟このつながりが、どんどん大きくなっていけば、暴力防止にもっとも効果的である。

私は護身術のワークショップを行うことで、女性同士が正しい知識をもち、安心して、信頼関係を作れるシスターフッドを広げていきたいと考えている。そしてもう一つ、『「しょうがいじ」への性教育』の第一歩も踏み出した！　個別支援級の親に性の健康教育ワークショップの説明会を行うと、すぐに開催が決定した。誰もが教えたいけど、自分ではちょっと……という思いが親には強いようだ。夏休みが明けてすぐ、子ども（七名）と先生（校長、担任二名、保健室の先生）と保護者（母親三人父親一人）が集まり『メグさんの性の健康教育』をベースに個別支援学級初の性の健康教育ワークショップが実施された。

子どもたちの集中力は大人たちを驚かせた。二〇分ほどの時間だったが、自分の体について正しい情報が欲しいという思いは誰もが同じなのだ、と感じることができた。

『しょうがいしゃ』への性教育

「しょうがいじ」は性的な発達をしないものだと世の多くの人には思われている。

しかし、人間である限り、健常児と同じようにしょうがいじも性的に発達するのだ。たとえ、知的発達年齢が実年齢の半分だったとしても、性的発達年齢は、実年齢と同じなのだ。この事実が、あまりにも知らされていない。

教師も知らなければ、親も知らない。そのために、子どもの性的な発達はまるで不潔なもののように扱われ、しょうがいじの自尊心を傷つけていく。しょうがいじであるがために、自分を語る言葉が少なく、表現力が乏しい子どもが「喜ばしいはずの性的な発達」を不潔なもの、しょうがいじには必要のないものという扱いを受けたときに、どれほどの打撃をうけることとか。

確かにしょうがいじは、人の集まっているなかでの「自分の身の置き方」が下手な場合が多い。人からどう見られるか？　それが自分の生活にどのように影響するか?を見通す力がどうしても弱い。だからこそ「しょうがい」なのだが……。

そのため、健常児であれば同年代や少し年上の人たちとの人間関係のなかで学べる性的な行動の表しかた、人を不愉快にさせない表現の仕方を学べるのだが、人との関りがむずかしい、しょうがいじには「人との距離のとり方」を身につけることは至難の技だ。人を不愉快にさせない言葉や行動を学ぶことはむずかしく、時間もかかる。そのために、より具体的でわかりやすい「性の健康教育」が必要なのだ。

メグ・ヒックリングさんとの出会い

私に性の健康教育を教えてくれたのはカナダ・バンクーバーのメグ・ヒックリングだ。彼女は看護師として、たくさんの性的に傷ついた子どもたちと出会ってきた。そして、性の健康教育の必要性を感じ、三〇年以上あちこちでワークショップを開いている。呼ばれれば、まさにどこへでも。何度も日本にも来ていて、ファンもたくさんいる。

カナダも性的には非常に厳しい国で日本とよく似ていると聞いた。メグさんが子どものころには性の健康教育はほとんど行われていなかったそうだ。そして、性の正しい知識をもっていないがために性被害に遭い、また、被害に遭っても、訴える方法を知らず、被害は繰り返され、心の傷も体の傷も深くしてしまう子どもがたくさんいたそうだ。

しかし、そのカナダで性の健康教育が求められ、たくさんの親子が知識をもつようになっている。知識をもつこと、予防教育を受けることが暴力を受けないために一番の早道なのだ。そして、それはしょうがいじも同じだ。

メグさんに質問したことがある。

「しょうがいじへの性の健康教育では、何に気をつければよいか？」

彼女の答えはこうだった。

「健常児と言われる子どもたちも何度も繰り返し、性の話をする必要がある。一度で全部を理解することは誰でも無理。しょうがいがある子どもには、もっともっと何度も繰り返すことが大切。同じことを何度も繰り返すことが大切よ」

何度も繰り返すためには、私一人では無理だ。だから、学校の先生（できるだけたくさん）、保護者（家の人全部）、その他、興味のある人みんなにまず、正しい知識をもってもらう必要がある。

しょうがいじの周りの人たちがみんな、正しい知識をもっていれば子どもは「性」に対して疑問があれば、すぐに質問できる。いつでも大人が性について答えてくれれば、「性」に対して薄暗いイメージをもたずにすむ。そのためには、まず大人に「性」に対する後ろめたさを解消してもらわなくてはならない。

男性主導の社会では、女性は性的な知識や体験をもっていないことが清純とされ、結婚するための道具とされていた。しかし、それは同時に性的な被害に遭いやすいという状況も作り出していた。

誰もが正しい知識をもつことで、お互いの立場を認められるようになることも被害者をなくすことにつながるだろう。

しょうがいじの性の健康教育は社会の底辺にいる、またはいないことにされている人たちが自分の存在にしっかりと気付くための第一歩だ。そして、自分の足で立ちあがり、生活の手段を見つけ、生きていくための大きな力になるものだ。

「性」は心を生かす力といわれている。その力をしっかりと自分のなかにもっていれば、自尊感情を育て、さらに豊かな人生を送る力になっていくはずだ。その「心の力」を引き出すきっかけになるよう、性の健康教育もＷＥＮ-ＤＯ同様、必要な人のところへ届けていきたいと考えている。

◆リアライズＹＯＫＯＨＡＭＡホームページアドレス
http://realize-yokohama.jp

私がめざした「無防備地域条例」

吉井由美

気持ちがわくわくした「無防備地域条例」

私が「無防備地域条例」を直接請求で作ろうという運動に出会ったのは、二〇〇四年六月頃でした。長く市民運動をしている岡村孝子さん（「戦争非協力・無防備地域条例をめざす藤沢の会」代表）から準備会へ誘われたのです。はじめて準備会に参加したのは、七月三日に行われた勉強会でした。すでに行われた大阪での報告、そのときのビデオ上映、どれも気持ちがわくわくするものであったことを覚えています。また、私の前に座っていた人が、国立市長・上原公子さんだったことも、驚きであったとともに、この会が怪しい活動団体ではないことを印象付けました。

めざす条例の内容は、ジュネーブ条約・追加第一議定書第五九条に規定されている「無防備地域宣言」を活用して、戦争に協力しないまちを創ろうとするものでした。その条例を、直接請求で作るという運動。直接請求というのは、有権者の五〇分の一以上の署名を一か月間で集め、その審議のための議会を開かせるというものです。「無防備地域宣言」ができるのは以下の四条件を満たした地域で、この宣言をしたところは攻撃されないという規定です。⑴戦闘員・移動兵器の撤去　⑵固定した軍用施設などの禁止　⑶敵対行為の禁止　⑷軍事行為を支援

しない というのが条件です。ただしこの宣言は戦争状態のときに有効とされています。でも、戦争状態になるころには先に列挙した条件は満たされなくなっているのが現実でしょう。だから条例を作って、いざというとき、いつでも宣言できるようにしておこうというのが目的です。そうすることによって、結果的に戦争に協力しないまちを創ることになります。

参加をためらった議会状況

この話を聞いたとき、私は沖縄のひとつの事例を思い出しました。それは、第二次世界大戦のとき、ある島の住民が日本軍の駐留を拒否し、軍と行動を共にすることもせず、米軍が上陸をしてきたときは、ここに軍隊はいないと言って帰ってもらい、住民が誰も死ななかったという事例です。私は、かなり前にテレビでこれを見ました。詳しいことは何も記録しなかったので、誰にも説得力のある話ができなかったのですが、こんなことが当たり前になれば、どんなに素晴らしいかとずっと思ってきました。このことは今回の運動で、慶良間諸島にある前島での事例とわかりました。そういうことで、目的はすぐに理解でき、この活動にすぐ参加したいとの思いはありました。でも、条例は議会が作ります。今の藤沢市の議会状況では、条例は作れないとの思いも正直な気持ちで、参加を迷いました。

この後、何回か準備会の会議に出席し、相変わらず態度を保留していました。八月七日、大阪経済法科大学の澤野義一さんを招いての学習会に参加すると、会場から「どんな団体がこの運動にかかわっているのか」という質問が出て、条例作りより、結構これが重大なことのような雰囲気になりました。この日は女性学の仲間も出席していて、彼女は帰りに「どんな団体かが問題ではなく、自分がやりたいかどうかだよ」と言い、そうなんだよねぇ、と思いながらも、私は、条例ができる可能性なんてないのに、ということにこだわり、相変わらず態度を保留していました。

議会会議録に必要性を残すことに意義がある

　ヌエックの発表が終わると、ゼミのレポート書きと、九月議会の傍聴やゼミも始まり、「無防備地域条例」運動どころではなくなりました。忙しい、忙しいと言いながら、会議への参加を断りました。そして遂に、電話をもらったとき、条例作りは無理なのだから、やる意義が見つからないと言って断りました。それでも、この活動は前へ、前へと進み、九月一八日には、「準備会」は「めざす会」となり、着々と仲間を増やし、準備を整えていました。一一月には、市内一三地区の公民館で説明会を開くという連絡が入り、署名期間も決まっていたので、この時点で、もう無視はできないな、と覚悟を決めました。もしこの直接請求が成立しなければ、もう藤沢の市民運動は力がなくなったと思われるでしょうし、議会はもっと横暴になるかもしれないと思ったからです。

そこで私は、条例はできなくても、会議録にジュネーブ条約の意義、必要性を残すことができれば、直接請求をする意義があると考えました。

目的がはっきりすれば、あとは前へ進むだけでした。

それでも、私はまだ中心に入ってはいませんでした。一一月末頃から再び会議に出席すると、その「会」は事務局会議と、もう少し広いメンバーでの会議（この会議は拡大スタッフ会議と呼ばれました）を隔週で開くことが決まりました。なんだか、重要なことは少人数で決めることが必要だという雰囲気でした。よくわからない「会」になったなあと思いながらも、私が参加を保留していた間も、活動を前進させてきた皆さんに文句を言える立場ではないのかも、と思い、私は事務局ではない会議に参加することにしました。

　でも、こんなことは長続きはしません。納得できないことは、納得できないとはっきりと言う私は、結局事務局会議に誘われるでもなく入ってしまい、運動の中心に自分の居場所をつくってしまいました。私は、すべて公開、事務局会議と拡大スタッフ会議を分ける必要はないと考えていました。関心のある人は、どの会議にも出席してよく、少人数が良いとは考えませんでした。結果として、少ない人数であれば、それはやむを得ませんが。

楽しかった署名集め

署名集めは、二〇〇五年一月二八日から二月二七日までの一か月。この間、私はほとんど毎日街頭に立ちました。始まるまでは、週に何日かでよいと思っていましたので、自分で署名簿を持って近所や知人を訪ねることを考えていましたが、街頭に立てる人が少なかったので毎日街頭に出ることになったのです。しかも、結構早い時間でも大丈夫な私は、朝九時から始める市役所前がほとんどでした。

他の場所は、スーパーの前などで、朝一〇時からでした。一〇時からのほうが、出やすい人が多かったようです。市役所前は、それぞれの都合に合わせて途中からの参加者が多い場所で、ときには一〇名以上も立っていることになりました。朝、一人で事務所から荷物を持って市役所前で道具を広げるときは、ちょっと寂しいのですが、一一時頃から人が増え始め、すぐにぎやかになるので、市役所前が一番好きな場所でした。真冬なので、とても寒い日もありましたが、街頭に立つことの楽しかったこと。声をかけて無視されたり、ときには怒鳴られたり。でも、自分だって、立場が違えば怪しい人たちだから近づかないように、と思ったことでしょう。だからめげない。立っていれば、必ず署名をしてくれる人が現れるし、励ましてくれる人もたくさんいるからです。反対意見を言ってくる人には笑顔で「私は戦争が嫌です」と言えば十分でした。初めのころは、相手をにらんでいましたが、笑顔に変えたら、あちらも笑ってしまうか、だめだこりゃ、と思うのかさっさと行ってくれました。自分で集めた署名は、近所を少し回って三〇名くらいでしたが、街頭で集めた署名はとても多くて、知らない人と話しながらの署名集めは楽しい思い出となりました。

二〇〇四年度のゼミの仲間とは、水曜キャラバンをして、水曜日だけは「会」とは違う署名集めをしました。江の島と湘南台地下道、仲間に車を出してもらって、以前のゼミ仲間のいる生協へも行きました。じつは私が元気をもらうキャラバンになってしまったのですが、週に一回、楽しい仲間とお昼を食べて、いっぱいしゃべって、署名も取れて、楽しい楽しい水曜日でした。仲間っていいなあと、本当に実感しました。私が、思いっきり気分を発散できた貴重な時でした。

役に立った議会傍聴

さて、署名期間が終わり、署名簿を選挙管理委員会へ提出すると、これで直接請求が終わったような安堵感が「会」の中にできました。でも、本当はこれからが大事で、議員に働きかけて条例の良さを知ってもらう必要があります。ところが、ほとんど誰も議会のことを知らないのです。ですから、私の頑張りの本命はこれからの議会対策となりました。私は二〇〇四年二月議会からずっと継続して議会を傍聴していて、会議録がどういった作りになっているのかわかっていましたし、議会の流れや、議員の顔と名前、それぞれの議員のいつもの発言を知っていましたので、このことがとても議会対策に役立ちました。

条例に関しての審議を十分時間をかけて行ってもらいたいと申し入れたときも、以前はどうであったのか、議会事務局から出された会議録を見て、すぐ会議に要した時間、流れがつかめたので、前例と比較した要望をその場の判断で出せました。また、議員の質問や発言にルールがあるのですが、いつも傍聴をしてわかっていましたので、議会事務局の説明に戸惑わずにすみました。「会」の事務局会議でも、議会のルールを踏まえて対策を練ることができました。

議員との話し合いでは、私とゼミ仲間の二人で、議員の発言を「会」のニュースとブログに載せました。このときもにぎやかに、議会ロビーや市役所の喫茶室に居座って楽しい編集会議をしました。そして、昼間議員と話したことを帰宅後メールで確認し合い、「会」にもメールで届ける方法を取りました。このことはゼミ仲間の二人だけでやってしまいました。それは、日常的にパソコンを使っているのは私たちだけのようだったからです。ニュースに載った議員の発言を、自分のお店でパネルにしてお客さんに見せていた人がいたり、読んで議員に対して呆れる人がいたりで、役には立ったようでした。また「会」のブログをみて、反対の意見を言っていたブログもありました。

とにかく、ジュネーブ条約の意義、目指した条例の良さを会議録に残したい、その思いを通した議会対策でした。その日議員と話したことをもとに、次にはどんなことを話していくのか、話すにあたってわからないことは何か、事務所で遅くまで話し合いました。法律のこと、市民の権利、地方自治。国民保護法のことでは、かなり激論になりました。藤沢の運動には、法律の専門家が参加していなかったので、専門的なことを人を介して聞いてくる、本を読む、それを話し合って共通の理解にしていく、そんな毎日でした。議会は論理を通すところ（のはず）、私はそんな議会が好きです。議員を相手に、論理的に話すことが十分できたとは思いませんが、勉強になりました。そして、私としては納得のいく会議録が残りました。次はこの会議録を施策に活かす方法を考えていかなくてはなりません。

これからの世界平和の創り方

署名開始の前、一月二二日のメルマガに寄せた、私の思いの最後の部分には、次のように書いています。

「私は、破られるかもしれないから法はいらないとは言いません。時折銃での犯罪が起きるから市民も銃を携帯しようとは言いません。性犯罪の被害者に対して「あなたが無防備だったからいけないのだ」とは言いません。ＤＶの被害者に「あなたにも責任がある」とは言いません。加害者をきちんと罰する。私は「無防備地域条例」とはそういうものだと思っています。ジュネーブ条約という国際人道法があるから、違反した犯罪者は裁かれるという常識を創っていくのが、これからの世界の平和の創り方だと考えています」

今、この文章に加えたいことがひとつあります。「その裁く場所は国際刑事裁判所とする」ということです。

こうすることで、犯罪者が死刑になることもないのだと、最近知りました。

「無防備地域条例」運動に本当にかかわることを決めたとき、「ジュネーブ条約」と「女性差別撤廃条約」を関連させて考えていた私は、今も国際法が機能する社会を考えています。「女性差別撤廃条約」が多くの国で批准され、法律も整備され、施策が実行されているように、「ジュネーブ条約」もきちんと守られていく社会であってほしいと思います。それは、単に戦争がない、ということではなく、望まないことを強制されない社会になることだと考えています。

審議会の傍聴を続けて

岡田律子・永田稲子・濱田範子

女性学を学んでいるあいだは、先生の講義や書物から新しい発見があります。また仲間との話し合いのなかで共感や素晴らしい刺激も受け取ることができます。しかし自主ゼミに入って、「社会にはたらきかけることをテーマに」という課題が出されたとき大いに迷いました。実生活のなかでは女性の問題は遅々として解決されずバッシングもひどく、活動が困難に思えたからでした。

そんななかで審議会における女性の比率を調べることを思いたちました。藤沢市は二〇一〇年までに審議会等の女性の比率を四〇％にすることを目標にしていますから、このテーマなら市に働きかけるなど、何か実践につながることができるのではないかという期待がもてたからです。それから二年半、審議会のことを調べ、傍聴をしながらさまざまな疑問にぶつかり、行政に働きかけてきました。そのなかからいくつかをご紹介します。

審議会とはなにか

審議会とは、市の重要な施策を進めるに当たって、専門家・有識者や一般市民等から意見を求めるために作られる機関で、法律や条令などに基づいて設置されます。市政に市民の意見を反映させる場でもあります。しかし初めはどんな審議会があるのか、どこで情報を取ればよいのかわかりませんでした。とりあえず情報管理課と男女共同参画課に行きました。

情報管理課で出している「審議会等一覧」には九〇の審議会があります。しかし男女共同参画課が女性の比率を出すためのデータをとる審議会は五二しかありません。男女共同参画課では、県に提出する書類の形式に合わせて、法律や条例以上に基づいてつくられた審議会のみをあげているからです。しかも、三ある公民館運営審議会をひとつとして数えています。またオンブズマンを審議会に入れるかどうかも両課で違います。結局、審議会の種類も数も、考え方次第で違うということがわかりました。

傍聴者への対応もさまざま

審議会の開催日程を調べるには、情報管理課や市役所ロビー、各市民センターに置かれた、「審議会等会議の開催日程」というファイルを見ます。また市のホームページにアクセスして探す方法もあります。

傍聴の申込には、前もって電話が必要な場合と当日会議の三〇分前から受け付ける場合があります。傍聴を始めたころ、とくに申込必要と書いてなかったので直接行くと、何で開催を知ったのかと怪訝な顔をされたこともありました。さすがにこのごろそういう場面には出会わなくなりましたが、委員と傍聴者の間に太い柱があって見えにくかったり、部屋の扉にくっつくように席が作られたりしている場合があります。また会議が始まるときに傍聴者の名前が読み上げられてしまったことがありました。これは後日、手違いだったと電話がありましたが、傍聴者になれていなかったということでしょう。

委員はどのようにして選ばれるのか

審議会の構成は条例などで決まっていて、団体代表者、学識者、公募などからなる場合が多いです。これに議員や行政の職員、地域代表が加わる場合もあります。審議会の内容に沿って担当課が学識者を決め、関連団体に声を掛け最後に公募を行うようです。関連団体はどうしても大きな団体が優先されます。たとえば女性団体ならほとんど地域婦人会が入っています。多くの審議会の委員を兼任している人もいます。医師会から出る場合はその年度の会長、副会長が出ますから一人で五つも兼任している場合があります。また各地域にあるくらしまちづくり会議や民生委員の団体などが多くの審議会に入っています。

公募のある審議会は二〇〇五年は四〇（全数は九〇）全体の四五％しかありません。しかも八〇〇字の原稿を書かなければならないのに、短い期間（二週間たらずの場合も）で応募しなければなりません。団体代表などと地域がダブらないように調整することもあるようで、市民はそのことを知らずに、選ばれるはずのない地域からでも応募している場合があります。

どんなことを審議しているか

わりと多いケースは、新しい施策を実行するに当たって、～計画策定委員会が作られる場合です。たとえば男女共同参画プラン策定委員会とか次世代育成支援行動計画策定委員会など、このごろは国が作ったので自治体も作らなければならないということが多いようです。行動計画が策定されれば次にこの計画を推進するための審議会が発足します。市の総合計画見直しがあれば、各審議会はそれに沿って担当する計画の見直しをします。

行動計画は委員会で話し合ったことを担当の職員が文章化する場合が多いようです。他市の例ですけれど委員会での話し合いを元に、業者に文章化を委託することもあるそうです。たいていは、ある程度の理想や、市民の希望を盛り込むものですけれど、委員になっている市の職員の意見が強く、行政との交渉で認められないものは初めから計画に入れないというところもありました。

計画推進のための審議会は、相当ばらつきがあります。計画がどのぐらい実行されているか検討するわけですが、検討する視点を委員が決めてそれに沿って職員が各課から返事をもらってきた内容について話し合いをする場合や、職員が作った施策実行状況を見て素直に承認してしまう場合があります。

表1　藤沢市の審議会の女性比率

（藤沢市発表 2005年4月1日現在）

審議会等の数	総委員数	女性委員数	比　率
52	632人	198人	31.3%

＊条例設置以上の審議会（市議会議員は除く）
出典:http://www.city.fujisawa.kanagawa.jp/danjyo-k/page100023.shtml

表2　90の審議会等の女性比率

（審議会 審議会調べ 2005年4月1日現在）

審議会等の数	総委員数	女性委員数	比　率
90	1004人	333人	33.2%

表3　女性0、公募0の審議会

（審議会 審議会調べ 2005年4月1日現在）

審議会等総数	女性0の数	公募0の数（女性の割合）
90	15人	50（27.6%）

　そのほかに、市民の請願によって作られた「食の安全に関する研究会」や、市が情報公開制度を作るときに立ち上げた「情報公開制度運営審議会」などの先進的な審議会もあります。しかし時がたつにつれてその前向きな態度が薄れがちな傾向は否めません。ゴミの有料化にむけた検討をしている廃棄物減量等推進審議会、保険料の値上げも検討課題になる国民健康保険運営協議会など、市民生活に密着した問題が話し合われています。

女性の比率はなぜ少ないのか

　藤沢市の審議会等に占める女性の比率は三一・三%と発表されています（表1参照）。ここ五年ぐらいほとんど横ばい状態ですが、これは五二の審議会（条例以上）だけを数えています。

　実際は、藤沢市には九〇の審議会がありますので、それをカウントすると表2のようになります。以後私たちはこの九〇の審議会についての数字で検討していきます。

　審議会にホストを持っているような大きな団体や企業は、代表や副代表に女性が極めて少ないので、女性が出にくい状況にあります。委員になる人を書記や会計まで広げたら少しは女性も出やすくなるのでしょうがそれさえ実現されていません。

女性の参画率を上げるために、私たちは全審議会に公募の枠が必要だと考えています。公募は肩書きに関係ないので女性が出やすくなります。現に女性ゼロの審議会（一五）のすべてに公募枠がありません。委員の構成は条例などで決まっているので、公募枠をつくることは難しいという職員もいますが、条例はそれほど細かく規定していない場合も多く、担当職員がその気になって、あっという間に公募枠が実現したという例もあります。前にも述べたように現在の公募のあり方は問題がありますから、公募枠を増やすとともに、公募の方法を改善していく必要があります（表3参照）。

市に働きかけたこと

（1）要望書の提出

一回目は、①審議会の選出区分がわかるような書類にしてほしい、②すべての審議会の開催情報をだしてほしいという要望を出しました。回答は①検討する、②各課に指導を徹底する、というものでした。

二回目は①審議会の改選に当たって、一機関一名以上の女性を入れるという方針があるし、②公募枠の拡大もうたってあるが実現していない。これらに対する具体的方法を問い、③公募期間を充分取るよう要望しました。回答は①女性の登用状況の提出を求め公表している。②専門的な知識、資格を必要とする場合もあって、審議会の性質上難しいものもある。③今後はなるべく短すぎることのないよう、周知徹底する。というものでした。

（2）条例などを使った交渉

審議会を傍聴しその疑問点を調べていくうちに、市役所の職員は法律や条令に頼って判断していることに気がつきました。

防災会議の委員構成にたいしては①**「藤沢市防災会議条例」**、審議会等における女性の比率に対しては、男女共同参画社会基本法に基づいて作られた②**「審議会等の設置及び基本方針」**、③**「審議会等の市民公募に関する基準」**を使いました。②と③の条文を読み、審議会委員の名簿を調べるうちに、さまざまな矛盾に気がつきました。

条例等に書いてあること	実際の状況
団体代表を充職とする場合、特別の場合を除いて兼任を回避する	3割以上の人が兼任 3つ以上兼任33人 5つ兼任が5人
新たに選任、改選に当たっては、女性の登用1機関1名以上必置を原則とする	新たな任期に入り委員の改選が行われても女性が入らない
公募に当たって男女比を考慮	考慮されているとは思えないし、公募枠のない審議会も多い

これらの疑問をまとめ、審議会を総括している行政総務に聞きに行きました。

(1)審議会委員の重複について、かならずしも団体代表でなくて、副代表や書記でもいいのではないか

(2)女性の参画についての働きかけをしているか

(3)公募者の選考は男女比を考慮しているか。すべての審議会に公募枠を設けてほしい

その回答は、「人選は機関に一任している。概ねそのポストに女性がいない。たまたまこういう結果になった」「意図的に機関へ働きかけはしていない」「男女参画に関しては男女共同参画課が担当し働きかけはしている」「委員の構成は条例で決まっている」という回答でした。

委員を決定するのは各担当課であり、条例や規則を変えることの煩わしさは理解できます。しかし審議会は、幅広く意見を聞く必要があるうえ、市は女性四〇%の達成をかかげています。団体などから選考されてきた委員もふくめ、メンバーの重複や男女比をチェックする必要があるのではないかと意見を述べてきました。

また傍聴者に対する資料のときは(4)「審議会等の会議の公開に関する要綱」が役に立ちました。しかし、二〇〇五年度からこの要綱が変わり、傍聴時の資料は閲覧（持ち帰りできない）となってしまいました。今、担当課に理由を聞きにいったり、情報公開制度運営審議会を傍聴したりして対策を検討しています。

（3）女性ゼロの審議会を訪問

審議会における女性の比率を調べていくと、いまだに

女性が一人もいない会があります。その数は二〇〇三年度は一八、二〇〇四年度は二一ありました。二〇〇五年度は一五です。担当課に働きかけるために、二〇〇三年度には防災会議と地域ＩＴ推進会議、二〇〇四年度は中央卸売市場取引委員会と地域ＩＴ推進会議を訪問しました。それぞれの担当者に会い、どうして女性が入っていないのか、女性が参加できるよう努力してくださいと要望してきました。このなかでＩＴ推進会議は二年続けて訪問した結果、二〇〇五年度からは公募が実現し、女性委員が三人入ることができました（公募枠一名、その他二名）。

ホームページ発信

傍聴も回数を経るうちに、これはぜひ外に向けて発信したいと思うようになりました。藤沢市や鎌倉市で市議会の傍聴をし、ホームページで発信しているグループ、ＥＮＯＳＨＩＭＡ―Ｖの活躍を耳にし、お話を聞く機会を得ました。

そのころの私達はワードソフトで文章を作る、メールをする程度で、技術的なことを聞いてもよくわからない状態でした。どんなソフトを使って、何に気をつければいいのか、またどういうふうに活動されているのかなどを聞きました。嫌がらせが殺到するのではと心配もありました。

ソフトは今ならわかりますが、無料のものや市販のものがいろいろあって、自分達のやりやすいものでよく、記事を書くにあたっては、客観的にとくに女性の立場を強調しないで中立に書いている、書き方によってはやはりクレームも入るということを聞きました。それは内容に対する指摘のようで、心配した嫌がらせの殺到ということではなさそうでした。

ＥＮＯＳＨＩＭＡ―Ｖのページは、たった四人で、仕事や子育てもしながら作っているとは思えないほど充実した内容で驚きました。それぞれが傍聴した記事をメールでチェックし、直接会うのは少ないと聞き、パソコンを駆使している様子が羨ましい限りでした。とにかくやってみなければ、何も始まらないので、私達は初心者にも扱いやすい市販のホームページ作成ソフトを買い、恐る恐る始めてみました。

　タイトルは「審議会・審議会」とし、藤沢市が審議会での女性の参画率を、二〇一〇年までに四〇%にすることについて述べたうえで、傍聴した審議会の報告、前回までの各月の報告、審議会とは、開催日を知る方法、審議会一覧表を載せました。クレームがこないだろうかと心配しながら、言葉も慎重に選んでいましたが、そんなこともなく、そのうち誰も見てくれていないかもと拍子抜けでした。

　しかし、ある審議会が改選になるとき、次から公募枠を設けると言ったはずなのに、新しい委員の名簿に公募と書かれた人が入っていませんでした。そうホームページに載せたところ、担当課の職員から、公募委員が入っていると指摘されるということがありました（これはその後、公募とすぐわかるようにしてほしいと要望を出しましたが）。

　またあるとき、担当課の手違いで、傍聴に行ったメンバーの名前が審議会で読み上げられるということがあり、そのことを載せたところ、ホームページを見た人が担当課に言い、担当課からお詫びの電話が入るという形で、見てくれていることを実感する機会がありました。改めて身が引き締まる気持ちになりました。

　傍聴した審議会をいち早く、また私たちの視点を入れ

新着情報　傍聴した審議会　審議会とは　開催日を知る方法　審議会一覧表
わいわい市議会(工事中)　ご意見・ご感想　女性学のページ

審議会・審議会！

湘南VIRAGO　審議会・審議会グループ

1999年に男女共同参画基本法が制定されました。「男女が社会の対等な構成員として、自らの意志によって社会のあらゆる分野の活動に参画する機会が確保され、もって男女が均等に政治的、経済的、社会的及び文化的利益を享受することができ、かつ責任を担うべき社会を形成する」とあります。なんだか難しそうですが、女性も男性も一人の市民として、様々な活動に参加する機会を得、その責任を担っていくということだと思います。基本法制定から6年たった今はどうなっているのでしょうか？自分達が住んでいる身近な市の審議会に注目してみました。

神奈川県藤沢市では「審議会などの女性の参画率を2010年までに40%にする」という目標を掲げています。本来は50%ほしいところですが、それでは現在の状況はどうでしょうか？
女性はどのくらい参画できているでしょうか？
また、そもそも審議会ではどんなことが審議されているのでしょうか？
まずは審議会を傍聴してみました。

社会教育委員会議　6月24日
子ども読書活動推進計画策定委員会　6月27日
教育委員会定例会　7月8日
中央卸売市場運営協議会　7月12日

「審議会・審議会」ホームページ

て報告するだけでなく、審議会についてもっとわかりやすく、身近なものに感じてもらえるようにするにはどうしたらよいのか、発信するだけでなく、表現するという作業の難しさを感じています。

「審議会・審議会」ホームページアドレス

http://www.shokoku.ac.jp/~virago/

これからめざすこと

二〇〇三年からグループで審議会の傍聴を続けてきて、傍聴できたのは三三審議会、傍聴回数は延べ九〇回ぐらいになります。いろいろな問題に出会いそのつど対処してきましたが、審議会をきちんと機能させるためには、多くの人が傍聴をするということが重要だと思うようになりました。

私たちの当面の課題は、傍聴したことをできるだけ多くの人に発信をしていくことです。昨年の〇四年から傍聴記を載せるホームページを立ち上げました。傍聴を勧めるワークショップも行います。余裕をもって応募できるように、公募のある審議会の改選日時を調べて発信します。もちろん傍聴時の資料に関してもできるだけの働きかけをします。そしてこれからも女性ゼロの審議会の担当課を訪問して、市民の半数を占める女性も入れるべきだということを理解してもらい、公募枠を設けることなどを要望していきたいと思います。

ここまで読んでくださった皆様、どうぞ傍聴にお出かけください。市民が常に傍聴することで審議会も市の態度も変わります。そして傍聴者も市の新しい施策をつぶさに知ることになり、市政に対する理解度も深まります。そしてその情報を私たちと交換しあいましょう。

ヌエックのワークショップ

「審議会みてあるき」

吉井由美

自主ゼミ「審議会・市議会」グループは、二〇〇四年八月、埼玉県の嵐山にあるヌエック（国立女性教育会館）で「審議会みてあるき」と題するワークショップを行いました。藤沢市は二〇一〇年までに、審議会委員の女性の比率を四〇%とするという目標を持っているのですが、二〇〇〇年度で二九・一%だったのが二〇〇四年度で三一・五%となっただけで、ちっとも進んでいないのです。その原因を考え、それを克服してもらえるよう行政に対して申し入れを行ったことなどが、ワークショップの主な内容です。私たちは、この発表のために何回も話し合いをしました。もっとも多くの時間をとった話し合いについて、また発表をしてみての感想などを少しお知らせしたいと思います。

時間をかけた話し合い

もっとも時間をかけたのは、発表の中心は何なのか、ということです。私たちは、たくさんの審議会を傍聴しましたし、女性の委員増に関すること以外にも行政に意見を言い、成果を得たものがありましたので、ついあれもこれも発表に入れたいと思いました。でも、それでは聞く側からすると、何が言いたいのかわからなかったりしますし、藤沢市に住んでいれば関心を持つ内容でも、住んでいない人にとってはたいした興味とはならない内容もあると考えるようになり、最初盛り込んでいたものを減らしていきました。何よりも、「国立女性教育会館に来る人は何に関心があるだろうか」と考えたのです。

私たちは、女性委員が増えない原因は、行政が今までの委員の選出方法を変えられないからだと思いました。なぜ女性委員が少ないのか、あるいはいないのか、担当課に質問をしても条例で決まっているから、との回答をもらうことがほとんどです。確かに条例に「団体の長」と書いてあれば「長」しか委員になれないでしょう。でも、条例を調べると必ずしも「長」と書いていないにもかかわらず、「長」や「副」が委員となっているのです。行政がいつも言うのは「そこに女性がいないのです」ということでしたが、たとえば条例に「警察官」としか書いていなければ、そこに女性がいないはずはありません。

だとすれば、市は委員を団体に依頼するとき、「長」という指定のない団体には「女性の比率を四〇%とする目標があるのでなるべく女性を出してほしい」ということはできないのか、私たちはそんなことを行政に話してきました。しかも、名簿を調べると、委員の中には、複数の審議会委員を兼任している人がかなりいるのです。この兼任が少なくなることも、女性委員が増えることにつながるのでは？と考えました。ですから、兼任に制限を設けている「指針」を持って質問に行きました。公募委員のいる審議会は女性の参画率が高いこともわかりましたので、公募委員を増やすことも要望しました。また委員の名簿の書き方は、市民が調べるときとてもわかりづらい書き方なので、それを改善してほしいと要望したりもしました。発表の中心はそこに絞りました。

発表をしてみて、内容を減らしたのはとても良かったと思いました。それは、発表の後、参加者の皆さんとの意見交換の時間を多くとることができたからです。参加者はほとんど他市の審議会委員や市議会議員、行政の人でしたので、ご自分の市の様子などを話してくれました。また、男女比がどちらかに偏らないことが重要だ、全員公募もよい、といった意見もいただきました。じつは、こういったことは私たちも考えていたのです。でも、それを参加者の方に発言してもらうことで、意見交換が活発になりました。

その他の感想

私たちは映写の機械を使った発表はしませんでしたので、その代わりに模造紙に審議会委員の名簿を書いたり、大きめの藤沢市の地図を作ったりして会場に張りました。ワークショップへの参加者がこれらをカメラに収める様子を見ていると、印刷資料と発表だけより、会場に掲示する資料があったのは、とても良かったと思いました。驚いたことに、掲示してある資料をカメラに収めただけで出て行く人たちもいましたけれど。

また資料の部数ですが、私たちは資料代をもらわないのでつい節約して、少しの部数しか準備していきませんでした。でも、会場に来た皆さんは、たくさんの企画のすべてに参加することは無理ですので、資料だけでも持ち帰りたいとあちらこちらの企画を訪ね歩くのだと知りました。ですから、資料はどんどん持ち帰ってもらえるようにたくさん準備することが肝心だと思いました。

最後に、私たちの課題だと思うことは、ここで出会えた皆さんと、今後どうつながっていくことができるか、ということです。私たちは受付表を準備しませんでしたが、差し支えなければ参加いただいた方の連絡先などを書いていただけたら、その後の交流に役立ったのかなと、今思っています。一部の方とは名刺交換をしたのですが、参加者全員とはできていなかったことが後でわかりました。そうすると、もう連絡の方法がないのです。とても残念に思っています。せっかくここで出会うことができたのだから、その後も連絡を取り合うなどして、お互いが力になりあえる関係作りを、今後は考えていきたいと思っています。

レッツゴー to the 議会!

ENOSHIMA―V(えのしまファイブ) 濱嶋知子

ENOSHIMA―V始動

「四か月間、政策に関する講義や実習を受けてきたのだし、この後何か実践しない?」

かながわ女性センター主催の社会参画セミナー「江の島塾」を受講した五期生有志が、「ENOSHIMA―V」を立ち上げました。それは、受講修了直後の二〇〇一年一二月のことです。

取り組む課題はすぐに見つかりました。それは、「江の島塾」のなかでレポート課題のため体験した議会傍聴に、皆共通してある思いを感じていたからです。ほとんど傍聴者のいないなかで進んでいく議論のない形式的な議事、でも、それは私たちの生活に身近な問題ばかりなのです。

常日頃、存在を感じることの少ない市議会ですが、それにしても私たちは議会についてあまりにも知らなすぎるのではないでしょうか。選挙のときは、候補者と地縁血縁関係にあればおおいに盛り上がると思いますが、一般的に、地方自治は国政ほど関心が高くなく、選挙後に至っては議員にお任せになっているのが実際のところではないでしょうか。しかし、地方議会も私たちが支払っている税金で賄われているわけですし、どう使われているのか、もっと厳しくチェックしたほうがいいのではないか、と思うようになったのです。

じつは私も、「江の島塾」のレポートで藤沢市議会を傍聴するまで、議場の場所さえ知りませんでした。私もそうだったから、と言うわけでもありませんが、でも多くの方にもっと実情を知ってもらいたい、興味を持ってもらいたいと気持ちが芽生えていったのだと思います。

それなら、私たちがわかりやすく伝えることが手っ取り早い。そして、みんなに議会を身近に感じ政治参画してほしい！

そんな想いを多くの人に伝える手段として、ホームページとメールマガジン（メルマガ）を選びました。最初は駅頭などでチラシを配るという方法も考えました。しかし実際続けていくには手間や費用がかかりすぎます。その点、仕事や小さな子どもを抱えるメンバーが自由な時間を利用し、インターネット上で無料サービスを利用できる環境は、まさに私たち向けでした。

内容は、議会傍聴記を主とする項目とし、中学生が読んでもわかるように書くということを念頭に、議会のしくみや議会用語の解説、他市の議会との比較やみんなが知りたいQ＆Aなどを掲載することにしました。

二〇〇二年四月、ついにホームページ開設、そして、翌月、メルマガを発行開始しました。

傍聴奮闘記

傍聴を始めた当初（二〇〇二年一月）は、文章力にあまり自信がなく、どの程度の文章が書けるかも不明でしたので、メルマガ発行は不定期にしました。しかし、実際には週一回程度のペースで発行できるときもあり、二〇〇五年八月には二五〇号を迎えることができました。文章表現は、「江の島塾」で講義を受けた大学教授から助言を頂くなど、慎重を期しました。

実際に議会を傍聴してみると、居眠りする議員や低俗なヤジを飛ばす議員に驚き！　唖然！　また、議事は手続に従って淡々と進められるだけです。議員と理事者（市）の間に議論はまったく成立せず、「異議なし！」「進行！」と流れ作業のように進んでいくだけでした。

一般質問の質疑時間を一時間と制限している藤沢市議会

では、タイマーを設置しているのですが、一秒でも過ぎるとそこで終了。これからちょうど聞きたいところだったのに……。正午が近づくとそそくさと議事を切り上げようとするし、こういう議員の報酬は私たちの税金……と思うとまた憤慨!!

議員の態度も、緊張感に欠けています。他の議員の発言中に後ろを向いて傍聴者を眺めていたり、後ろの席の議員と話しこんだりと集中していない様子がありありとわかります。

ENOSHIMA—Vのホームページ

当初は、議員の名はイニシャル表記にしていましたが、次第に「これでは読者にわかりやすく伝えられない」ともどかしくなり、実名で公表することにしました。

「ここはこう書いたほうがいい」「自分ならこう書く」など意見交換をし、修正を重ねてから発行していきました。回数を重ねるうちに、「だいたいこの辺までなら許容範囲」というルールが自然に成立、スムーズに原稿作成が進むようになっていきました。

メルマガを配信していくうちに、いろいろな所から反響がありました。配信している内容は藤沢市や鎌倉市という一地域の話題ですが、現職の議員や私たちと同じような活動を始めようとしている団体、地域に私たちの活動を伝えたいという新聞記者など、全国各地からメールをいただきました。まさに、インターネットを使った利点であり、こんなとき、私たちの活動趣旨が活かされていると感じる瞬間でもあります。

二〇〇三年には、鎌倉市議会の傍聴規則が、私たちの「提言」どおり、住所と氏名のみの記入で傍聴ができるようになるという成果もありました。

傍聴以外での活動

傍聴活動を続けていくうちに、次第にいろいろなことにも興味が湧いてきて活動の範囲を広げるようになってきました。

(1)市議へのアンケート調査

「議員の生の〝声〟が聴きたい！」市議へのアンケート調査は二〇〇二年七月に開始しました。その翌年には、改選後の新人議員にも同様のアンケートを実施しました。某政党は「会派として回答しない」。逆に「回収を待っていました」と、全議員が回答した会派もあり、様々です。

新人議員に向けた質問の回答の中で、「一度も議会傍聴をしたことがない」というツワモノもいてびっくり。

議員報酬・政務調査費についての回答は、「妥当」「少ない」など意見が分散、また、「休日が少ない」「議員に頼めば何でも実現できると思っている市民がいることが辛い」と悩みも明かす議員もいました。

そして「有権者に望むこと」は、ほぼ全員が「棄権しないで投票に行ってほしい」など、市民の政治参画を求めていました。

(2)情報公開請求

二〇〇二年七月、藤沢市に対し、「情報公開請求」を敢行！　請求内容は徐々に増えていき、藤沢市議の内外視察費と政務調査費、市長・議長・議会交際費、公用車などを行ないました。ホームページではすでに、これらの問題の一部は取り上げていましたが、傍聴を続けているうちに、もっと詳しく知りたいと思ったのがきっかけです。

とにかく資料の量が多く、読み解くには時間がかかります。

内外視察費については、「旅費費用弁償計算書」「行政視察調査報告書」などの書類がありますが、領収書の添付はありません。報告書の充実度もまちまち。

一方、政務調査費は領収書の添付が義務付けられています。山のような領収書をただノートに貼っただけの報告をしている会派もあれば、使途項目単位と購入日付順にそれぞれきちんと整理している会派もあり様々です。また、政務調査費を返還している会派もあり、使い方はじつに多様。政務調査費に関しては、三年分解析しましたが、年を追うごとに改善されていき、遂に二〇〇四年度の報告書ではすべての会派で使途項目単位と購入日付順の資料が報告書に添付されていました。まるでメルマガやホームページで報告した成果かと思えるほどです。その政務調査費は、二〇〇五年度からまた大幅に引き上げられました。これからも目が離せません。

③審議会ウォッチング

メンバーが委員を務める藤沢市の審議会の議事録をENOSHIMA—V版として発行しています。公開されている審議会ですが、委員自らの報告となれば、また違った見方にもなるのではないかと思います。これまで、情報公開制度運営審議会と高齢者施策検討委員会の報告がされました。

投票率を上げるために

①二〇〇三年　藤沢市議選

四六・六一%。これは、前回（一九九九年）行なわれた統一地方選挙の藤沢市議選での投票率です。じつに、有権者の半数以上が棄権していることになります。

私たちは、市民の投票行動を促すため、投票に必要な情報を少しでも提供できればと、選挙特集を企画しました。

まず、四年間の任期中に現職議員が行なった一般質問の回数や内容を調べ、分析・評価した結果をインターネット上で公表し、そして、この特集の案内を駅頭でチラシ配布しました。

具体的には、性差における質問回数の違いでは女性議員が平均して八〇%の質問回数に対して、男性議員は三〇%といったことや、年齢は若いほど、当選回数は少ないほど質問回数が多いといった内容でした。

　ホームページ閲覧者からは、投票の参考にできるとの評価を得、チラシは、忙しい通勤時間帯であったにもかかわらず、多くの人が受け取ってくれました。

　最終的に、投票率は前回を下回るという残念な結果でしたが、現職議員の中に市民からチェックを受けているという認識を生み出せた点については、大きな成果だったと言えるでしょう。

②二〇〇四年　藤沢市長選

　二〇〇四年の二月には、藤沢市長選挙において、公開討論会を開催しました。普段は、インターネットを介した活動ですが、やはり市民に直接訴えかけることも必要と考えたからです。立候補者と度重なる折衝をした結果、私たちの望んでいた内容とは少々違ったものの、候補者全員が一同に会せたことは、価値があったと思います。

　地縁血縁にこだわらない大方の市民にとって、候補者本人を直接目の前にして知ったうえでその人に投票したいという気持ちはあると思います。人柄や話しぶりを見ておけばその後の市政や首長の行動にも興味が湧くと私たちは考えたのです。

　ボランティアスタッフには受付や会場整理として加わってもらい、私たちの予想を上回る多くの市民が来場し、盛況のうちに終えることができました。アンケート結果からも、日頃インターネット環境にない市民の方々の参加が多かったこともわかりました。

これから

　ＥＮＯＳＨＩＭＡ－Ｖは設立して四年がたちました。メンバーの置かれている状況は様々ですし、常にメンバー間で意見が一致していたわけではありません。資金も時間がないのは承知のうえでのスタートでしたから、いろいろな制約はついてまわります。

　でも、私たちはＮＰＯ活動の原点＝地域社会全体の利益を追求するために、各メンバーの想いをいかに活動に反映させていくかを、常に問い直してきました。そして、冷静な議論と民主的な意見集約に努めつつ、一つ一つ試練を乗り越えてきました。

私たちは今後も、「政治」は市民の暮らしにとり身近な存在であること、そして、一人一人の市民が政治参画意識をもつことがより良い地域社会のためになるということを多くの市民に伝えるために、地道に活動していきたいと思っています。

◆ＥＮＯＳＨＩＭＡ—Ｖのホームページは、
http://members.jcom.home.ne.jp/enoshima-v

◆連絡先E-mail　enoshima_v@hotmail.com

オープンカレッジとゼミで力をつけた市民たち

小松加代子

1　女性学と実践

女性学はその始めから他の学問領域とは異なり、日々の生活と直接的に関連しあうものとして存在してきています。個人的なことは政治的なもの（Personal is Political）、女性のつながりはパワフルである（Sisterhood is Powerful）、といったスローガンとともに、差別されない、差別しないことを学びつつ実践するのがその目的です。

一九七〇年代の第二波女性運動のなかで、大きな力となったのはコンシャス・レイジング（CR）でした。性差別的な考え方や価値観は、男性だけでなく女性にも浸み込んでいて、社会を変えたければ女性も自分自身を変えていかなくてはならない、意識（コンシャスネス）を高め（レイジング）なくてはならない、ということから名づけられたグループ活動です。CRでは、グループのなかですべての人の意見を聞き、平等な討論をするなかで、女性に対する差別的な搾取や抑圧を理解することが重要と言われています。

そうした女性学や女性の運動は日本でも広がりつつあるということができるでしょう。孤立しがちだった女性が、女性だからというだけで内に閉じ込めてきたさまざまな悩みに対しそれが自分だけの問題ではなかったと気づくとき、自分に自信を持つことができるとともに、新たな人とのつながりが芽ばえていくのだと思います。

ＣＲは小さなグループから始まりましたが、その後どんどん広がるにつれてその性格が変わっていきました。ＣＲの盛んだったアメリカでは、ＣＲは大学での女性学の授業へと移っていきましたが、それは大学教員という専門家が行う有料の場のものとなり、一部の人たちの活動に狭まってしまったと言われることもあります。これに対してオープンカレッジは、そう意図していたわけではありませんでしたが、大学教育でありながら、市の事業として無料で参加できるということから、誰もが受講できる社会教育と大学教育のよい面を組み合わせたものになったように思います。

2　学習と活動の連携

女性学はもともと女性運動と連関し、活動を維持しようとする政治的方向性を持っていたものの、女性学を学ぶ者が実際の活動とどう関わるかについては明確な理論があるわけではありません。一般に、学問を学ぶことは、直接生活と関わらない抽象的で高度な問題を教わることだと考えられる傾向があり、このことと関連して女性学を学ぶことの独自性がどこにあるのかが問われているとも言えるでしょう。

公民館活動などを通した行政主導の講座においては、当初から講師から一方的に学ぶという形式を避け、主体的な参加が強調されてきています。その例としてあげられるのは、一九七〇年代以降、日本の女性の学習研究の中心とされてきた「女性問題学習」の存在です。「女性問題学習」は、学びの基本として、たとえば次のような視点を提供してきました。

①女性問題を性差別・人権侵害の問題ととらえる

②「婦人教育」を女性問題解決のための学習ととらえて事業を行う

③自他の人格を尊重し、対等な関係を結び、互いの成長を支えあいながら生きていく人間的力量を養うための学習ととらえる

こうした講座では、何よりも女性問題の所在を「意識化」することと、主体的に学ぶということが重要視されます。どの講座でも、参加者が参加する講座の内容を自主的に作り上げることが勧められており、共同学習という言葉も多く見られます。その多くは、講師から一方的に話を聞かされるものではない、ということが強調されていて、その次に何をするのかが常に参加者に問われる形式が意図的に作り出されています。この形式自体にも、それまでの教養を学ぶ伝統的な態度との違いがはっきりと打ち出されており、そこにすでに女性学の独自性が存在していると言ってもいいかもしれません。

ただし、女性問題の所在を「意識化」すれば、ただちに女性たちは「解放」のために主体的に行動するのか、という疑問もあります。また、参加者が自主的に参加しているように見えながら、実際には講座の主催者が設定をしているにすぎない場合も出てきます。

学習が活動とどのように結びつくのか、オープンカレッジからゼミ、そして自主ゼミへと進んでいくなかで、私たちは試行錯誤しながら、考え続けています。

3　オープンカレッジからゼミへ

公民館や市のセミナーや講演会から自主グループが作られることも多々ありますが、なかなか継続できない、あるいは新しいメンバーが加わらないというような問題を抱えています。オープンカレッジは一年の長期のものですが、そこで問題の所在の意識化や自分の問題の明確化はできても活動に直接つながることにはなりません。オープンカレッジ修了生が活動を始めるにあたっては、オープンカレッジ終了後のゼミの存在が大きかったと言うことができるでしょう。

オープンカレッジ受講者数の推移

オープンカレッジを始めるにあたって、いったいどのくらいの需要があるのか、教育委員会も短大も、そして私もはっきりとはつかんでいませんでしたので、一年目（一九九七年）に定員五〇名を超えた五六名の希望者が出たことには驚きました。集まった人たちは、女性学講座を公民館などですでに受講しており、さらに勉強したいという熱心な人たちでした。前期の終わりに茶話会を設けたところ、多くの参加者が集まり、参加者同士の話もはずみました。途中半期に一〜二回、グループディスカッションとして、学生と混ざった四、五人のグループを作って議論をするということもしましたが、おおよそ好評でした。一年の終了時には、一年で終わってしまうのでは残念だという声が多く出たため、二年目のゼミ形式の講座を設けることとなりました。

さて、二年目のオープンカレッジへの参加者は三七名、三年目は一四名と、参加者が次第に減少してい

オープンカレッジ受講者数

	受講者数	平均年齢	修了証交付者数		開講日
1997年度	56	42.4	27	48.20%	土曜日
1998	37	46.0	16	43.20	土曜日
1999	14	35.0	5	35.70	土曜日
2000	61	41.8	30	49.20	土曜日
2001	63	50.4	42	66.70	水曜日
2002	46	46.4	33	71.70	火曜日
2003	19	46.1	10	52.60	火曜日
2004	23	47.2	16	69.60	水曜日
2005	33	50.7			火曜日
合　計	352人	45.4歳	179人	54.60	

きました。これについては、最初から参加者がいることを藤沢市教育委員会も講師もそれほど期待していなかったこと、そのためあまり広報活動に力を入れなかったことなども、その要因といえるでしょう。三年目に広報活動に力を入れてから、受講希望者が増加して四年目には参加者が六一名にまでのぼったことから、まだまだ需要があることがわかりました。

一〜四年目までは土曜日の午前に設定していましたが、その時間帯ゆえに参加できないという声もありました。その一方で、働いている人からは、土曜日以外は参加できないという声も聞かれました。どちらにすべきなのか迷いもありましたが、五年目からは短大のカリキュラム変更に伴って、土曜日から平日に開講時間を変更することになりました。その結果、パートを含め働いている女性が急減しましたが、受講希望者数も六三名と過去最高となりました。五年目からの平日への移行は、あくまでも短大側の都合で、積極的に主婦層に働きかけようという意図があったわけではありません。この平日への移行で大きく変わったのは、年間通じて三分の二以上の出席をした人に渡される修了証の交付者数が上がったことでした。ただし、平日であっても、ちょうどその日が休日に当たっているという有職者もいます。また、一般の人が受講しやすい時間ということで、九回のうち八回までは一〇時四〇分開始という時間帯にしていますが、一回だけ九時開始の時間帯にしたときには、仕事の時間をずらして受講している、という方もいらっしゃいました。

二〇〇三年度には短大で有料の生涯学習プログラムが開始されたのと混同されたのか、参加者が一九名と少なくなりましたが、二〇〇四年度は二三名、二〇〇五年度は三三名と増加しています。

ゼミ

一年目のオープンカレッジ受講者からの希望が多かったことから、短大ではその続きとなるオープンカレッジ・ゼミを開講することにしました。これは教育委員会の支援をもとに短大が提供する市民の方のみの、学生が参加しない特別授業となりました。

読書会形式で始まったゼミですが、毎年新しい試みを加えてどんどん変化してきました。一つのテーマに沿って複数の参考文献を読み合わせ、それぞれが担当の本について発表することから始めます。そしてグループ内でのディスカッションを通してさまざまな意見を検討するわけですが、説明や批判をしあう練習をしながら、お互いに意識を高めることになります。

このとき、ゼミに初めて参加する人と、二年目の人とが混在し、一年目の人たちの間にとまどいがあったようです。二年目の人たちの話についていけないなどと、引け目を感じているようでしたが、前期が終わる頃にはそうした問題は自然と解消されていきました。このとき、女性学に触れた時期が異なる人たちが混ざり合うことが可能であることがわかると同時に、そうした機会を作ることが出会いや、議論を進めるために重要だということもわかりました。

また、ゼミは発表の場でもあります。発表するためには、要点を絞る必要があり、どこに焦点を当てるかが議論となりました。具体的な資料を提供すること、わかりやすいハンドアウト（手渡す資料）を作ることなどの練習の場にもなっています。

チラシの作成

オープンカレッジが始まって三年目（一九九九年）に、参加者が急減しました。その原因についてゼミの方に相談しましたところ、広報の仕方の問題、オープンカレッジの存在に気づいていらっしゃらない人がいること、曜日・時間の問題があることなどが指摘されました。そして参加者は具体的なチラシの文言を書くなどの作業や、チラシの配布などにも参加してくれました（第一部・第二部中扉参照）。さらに、その年の秋に行われた藤沢市女性学習グループの学習発表会に私が講師として参加した際には、ゼミのグループも発表者として参加し、それが女性学講座の存在を知らしめるよい機会ともなりました。教育委員会の担当者も継続することに意欲を持っていたこともあって、オープンカレッジもゼミも継続することになりました。

このときのチラシ作りは、広報活動を自分たちでやることの意義を示しました。そして何よりも、女性学に対する需要はもうないのではないかという危惧を振り払ってくれたのは、オープンカレッジ、そしてオープンカレッジ・ゼミを経験した人たちでした。彼女たちの熱心な姿、自分たちが経験した驚きや喜びを他の人にも広めたい、という思いは、その後の自主活動の原動力です。

ゼミの外での発表

ゼミでの学習は、知識や自分たちの体験をもっと多くの人たちに広めることにつながっていきました。

その場として最初に考えたのは、オープンカレッジの授業でした。ＤＶや主婦の役割や拒食症の問題をオープンカレッジで参加者に伝え、その後ディスカッションに参加してもらいました。こうした発表の経験は、発表のために準備をすること、発表することに慣れる、そして他の人との交流の楽しさの発見をもたらしてくれました。

藤沢市女性学習グループの学習会での発表は、藤沢市内の他のグループとの交流の機会となりましたし、オープンカレッジの広報活動にもなりました。

その後、公民館での女性セミナーに講師として参加を要請されたときに、ゼミの人たちの協力をお願いしました。片瀬公民館や大庭公民館での女性セミナーで、寸劇を披露したり、ジェンダー相談室を開催したり、主婦は得か損かについてのディベートの実例を見せてもらいました。講師から一方的な話を聞くだけよりも、身近に感じるゼミの人たちとの話し合いのほうが参加者の心に残るように思えました。その点で、ゼミの人が加わることは、講演会とは異なる印象を与えることができるようです。

自主ゼミの導入

何年かゼミを実施していくうちに、講師を必要としない自主活動が可能であることがわかってきました。加えて複数のグループが形成されることで、お互いに刺激を受けると同時に情報も得られることから、自主活動の導入が一つの軸となってきました。自主ゼミについては、三月に希望者が集まって、そこで提案された活動内容を検討して、それぞれ希望者でグループを作るという形を作っています。このとき短大は、議論の場として教室を、そして情報源の一つである図書館の利用を提供します。

自主活動をするグループとして独立していくことも重要ですが、同時に自主活動グループが複数存在すると、一つのグループだけでできる範囲を越えたより大きな活動に参加することができます。そしてどのグループも、最後にはワークショップを開催してその成果を発表することになっています。一グループ一時間半から二時間にわたるワークショップの開催は、さまざまな活動の問題点や新しい情報の交換などが話し合われる場となっています。

こうした自主的な動きは、講師と受講者という関係を越えて、女性学をいかに広めるかという点において、ともに考える活動者仲間という関係を作ってくれています。

K's るーむ・メルマガの作成

複数の自主グループが活動を始めたことを機会に、それぞれのグループの活動は自主活動に任せ、私はグループ間のそれぞれの情報交換のために、「K's るーむ」というニュースレターを毎月発行することにしました。そこではそれぞれのグループの情報を毎月載せ、自分の参加しているグループ以外の活動内容を知る機会を提供しています。このニュースレターは最初自主グループ間の情報交換を目的としていたのですが、その後、一つの「K's るーむ」を発行しようという自主グループが登場し、資料を集めることによって、自主グループ以外の、現在はゼミに参加していない人たちをも読者層として取り込んでいくことになりました。ニュースレターを発行するためにはコンピュータの技術が欠かせません。その基礎能力を市が開催する講座や短大のOA授業などに参加することによって、それぞれが磨いていきました。ゼミや自主ゼミの枠を越えて、ニュースレターを購読する人たちを結びつける新しい手段が、生まれることになりました。

その後、ニュースレターに替わって、メールマガジン「K's るーむ番外編」を始めることになりました。

オープンカレッジ・ゼミ

年度	参加者数	テーマ		学外での活動	備考
1998	16	やせることを考える			前期のみ
1999	14	ＤＶ		オープンカレッジのチラシ作りに参加	
				学習会発表:ドメスティック・バイオレンス	
2000	14	主婦論争・21世紀家族へ		学習会「家族はどう変わってきたか」	
		後期:1. ＤＶ		オープンカレッジ女性学の授業で発表	
		2. 主婦は得か損か		湘南台公民館で発表	
2001	24	前期	A. ジェンダーと生命倫理	学習会「ジェンダーと生殖技術」	
			B. 21世紀のジェンダー論	片瀬公民館（ジェンダー相談室・「小松家の人々」コダワール）	
		後期	生殖技術・性同一性障害・フェミニストセラピー・女性性器切除・ジェンダーフリー	ワークショップ:後期の自主グループ	
			上野千鶴子を読む	☆後期の自主活動グループの情報交換のため、K'sるーむニュースレターを開始	
			ジェンダー相談室		
			ジェンダーと言葉		
			生殖技術とジェンダー		
2002	24	日本の男はどこから来て、どこへ行くのか		学習会「ジェンダーと魔女」	参加費
		自主グループ	寸劇:自己主張と男性学	大庭公民館（主婦ディベート、ワークシェアリング）	
			ジェンダーと魔女	ワークショップ:後期の自主グループ	
			中高年のセックスレス	☆11月:メルマガの開始	
			美と健康:女性の身体		
			K'sるーむ制作		
2003	18	A. 男女共同参画社会		ワークショップ「審議会」「性教育」	有料
		B1:審議会グループ		藤沢市女性学習グループ連絡会への参加	
		B2:性教育グループ			
2004	8	フェミニズム		国立女性教育会館女性学フォーラムへ参加：審議会	有料
	13	自主ゼミＡ:審議会・市議会		オープンカレッジ：護身術、アサーティブネス	
		Ｂ:性教育		ワークショップ「性教育」	
		Ｃ:介護			
2005	3	21世紀のジェンダー論		国立女性教育会館女性学フォーラムへ参加：審議会	有料
	13	自主ゼミＡ:審議会		江ノ島女性センターNPOフォーラムへ参加：審議会、性教育	
		Ｂ:性教育		オープンカレッジ：性教育、審議会、護身術、アサーティブネス	
		Ｃ:市議会			

多くの参加者がコンピュータやインターネットを使いこなせるようになってきたために、印刷と郵送の手間と経費を削減し、さらにすばやい情報交換を目指すことになったのです。二〇〇一年に始まったメルマガは、すでに一五〇号を越えています。

これらの情報交換の手段は、それまでレポートに限られていた書く作業を、もっとすばやく、場合によっては短く意見をまとめる練習にもなっています。そしてもちろん情報交換も自分の所属するグループを拡大することができるようになりました。

4　一人では得られないものを手にすることができる

野々村恵子さんは、社会教育について、「学習の主体者になるということは、地域で主体者として生き、行政の主権者になることにつながる。学ぶことを学習者一人の満足に終わらせず、自分ひとりの疑問、もやもやから始まる学習が共通の課題をもつ多くの仲間と出会い、ともに考え合う仲間をふやし、主体者・主権者を多くしていく営み」であると書いています（野々村恵子「女性が学ぶことの意味」『女たちのエンパワーメント』国土社、一九九七年）。

オープンカレッジ、オープンカレッジ・ゼミは、その道を歩んでいく途上にあります。藤沢市におけるオープンカレッジの特徴をまとめれば、次のようになるでしょう。教育機関を利用しての活動であるために、一年という期間があることが、学習や活動に一定の区切りを作っています。それは同時に、毎年新しい人を迎えることにもなります。短大という学びの場があることは、図書館を含め、集まる場所が確保されていることでもあります。

オープンカレッジ・ゼミ、自主ゼミを通じ、学びの連続性の別の形として、すでに学んだ人との交流が定着しています。すでに勉強を始めている人たちから刺激を受けたり、その経験が伝達されることによって、一人では得られないものを手にすることができます。そして、学びから発表へとつながることによって、発表者と聞き手との交流ができます。学んだこと、あるいは学ぶ方法を伝達することによって、自分の学びを再確認し、さらには外部の人と接することによって、女性学に接したことのない人たちにどのように何を伝えるかを考える機会となっています。さまざまな女性講座が公民館などを中心に開かれていますが、なかなかそこからグループの結成や、その後の展開が続かないと言われます。オープンカレッジは一年という長期のものであるうえに、ゼミが加わることによって、より多様な人たちとの長期的な交流が可能となっています。

オープンカレッジ、オープンカレッジ・ゼミは、女性が自分自身を見つめ、あらたな生き方を模索し、地域活動へと向かっていく足場としての役割を果たしているように思えます。そして、すでにその枠を飛び越えた活動が始まりつつあります。

5　教える者もまた学習者である

女性のエンパワーメントのためには、女性が教育・学習を通じて力をつけていくとともに、社会に根強く残る性別役割に関する固定観念を克服することが長期的な課題となっています。個人の意識改革を促進するために男女平等の視点に立った生涯にわたる教育が求められますが、その教育は、学習者自らが主体的に参加して自己変革を行うような学習活動であることが重要です。そして、解答が必ずしも明確に一つあるというわけではないという独特な視点から、教える者もまた学習者であるという特徴をもっています。

また、ジェンダーの視点を導入した学習と実践は、女性のみならず男性のエンパワーメントをも求めることになります。ジェンダーの視点とは、ベル・フックスがフェミニズムを定義するのに用いた次の言葉をそのまま当てはめると、「性にもとづく差別や搾取や抑圧をなくす運動」ということになります。しかし、性差別とそれにもとづく支配関係は、加害・被害に二分化されるような単純なものではありません。性差別的な意識や行動を支えているのは男性だけではありません。女性もまた性差別的でありえるのです。誰もが社会の差別構造に気づくと同時に、自分の中にある性差別意識と向かい合う必要があります。その意味では、フェミニズムも女性学も女性だけのためのものではなく、性差別とその支配関係をなくす運動として、女性・男性を問わずその意図を共有する人たちのものだということができます。その意味で女性学は、ジェンダー論などの名称に変わっていこうとも、男女共同参画社会にとって欠かすことのできないものであることに間違いありません。

男女共同参画基本法に基づいた社会の構築に向かって、さまざまな施策が講じられ、それぞれの地域・状況に適したあり方が模索されていますが、このオープンカレッジは藤沢市の一つの実験として、大いに意義のあるものと考えています。市の事業としては一〇年目を迎えて、再検討されるべき時期がきているのかもしれません。さらに将来への発展としてどのような形態が可能なのか、大いに検討していきたいと考えています。

〈参照文献〉

岩崎久美子・中野洋恵編『私らしい生き方を求めて』玉川大学出版部、二〇〇二年

下村美恵子編『女性問題を学ぶ』（シリーズ〈女性問題を学ぶ１〉）新水社、二〇〇〇年
中藤洋子『女性問題と社会教育』ドメス出版、二〇〇五年
日本社会教育学会編『ジェンダーと社会教育』東洋館出版社、二〇〇一年
野々村恵子・中藤洋子編『女たちのエンパワーメント』国土社、一九九七年
ベル・フックス『フェミニズムはみんなのもの』新水社、二〇〇三年
学びを行動にうつす女たちの会『ジェンダーフリーを共同で学ぶ』（シリーズ〈女性問題を学ぶ２〉）新水社、二〇〇一年

おわりに

オープンカレッジが始まって一〇年目を迎えようとしています。

身近に前例のない試みで試行錯誤の日々でしたが、充実感も味わっています。学ぶということをあらためて新鮮に考え直しました。大学生だけを相手にしていたのでは気づかなかったことも多くありました。いろいろな年代の、そしてさまざまに異なった経験を経てきた人たちが出会って、語り合うことは大いに意味ある試みです。それは社会人にとっても、若者にとっても大いに価値あるものであるにも関わらず、なかなかその機会はみつからないものとなっています。そうした他者との交流のなかで、ジェンダーに悩んだ人たちがつながることにより自分に力を見出していくこと、自分に自信を持ち、自分を尊重できるようになることを実感しました。

この一〇年の間に思わぬバックラッシュの動きも出てきました。フェミニズムや女性学に反対する声が、ようやく自分の声で語りだした人たちをつぶそうとしているように見えます。私たちはここでひるまずにしっかりと自分の意見を発言し続けていかなくてはなりません。

オープンカレッジ、オープンカレッジ・ゼミを修了した者が集まり、自分たちの考えを行動に移そうよした際、私たちは全体を示すグループの名称を、「湘南ＶＩＲＡＧＯ」にすることにしました。ＶＩＲＡＧＯという言葉は、ラテン語の聖書に用いられた言葉で、創世記でイヴが人（ラテン語でＶＩＲ）から作られたという理由でＶＩＲＡＧＯとなった、と書かれています。つまりこれは「人」の女性形というわけです。その後、英語では、一四世紀頃に、男勝りの女、ヒーローの女性、女性戦士という面が強調されてアマゾンに象徴される強い女性を指すようになる一方、社会秩序を脅かすものとして、醜い女性、口やかましく、がみがみ言う女性を指すようにもなりました。ルネッサンス期には、学問・勇気・能力で際立っていた女性を意味していたそうです。現代では、ＶＩＲＡＧＯはもっぱら悪い意味のみが残って、口やかましい女という意味が辞書には載っていることが多いです。「女性」を指すだけの言葉が、だんだんと悪いイメージを伴って定着していく典型的な例でもあります。

第二次フェミニズムのなかで、女性を悪く言う言葉を使い直そう（reclaim）という運動がありました。女性が自分の意見を口にするのはやかましいと言われたのは、男性社会のなかで女性が黙っていることを良しとし、それに抵抗する女性を貶めようとする差別の現れと考えられます。これからの女性はそれにめげることなく、社会を変革するために意見を堂々と出していこうという趣旨で、私たちはこのＶＩＲＡＧＯという言葉を選びました。イギリスにあるＶＩＲＡＧＯという女性による女性のための出版社（主には女性作家の文学を中心に出版しています）も参考にしました。ただし、オープンカレッジが女性のために始まり、女性だけを対象としているため、女性だけの活動となっていますが、この活動に携われるのは女性だけでなければならないとは考えていません。今後どのように発展していくのか、私たちにもわかっていませんし、どのようになるかは私たち自身楽しみでもあります。

本書では藤沢で始まった小さな活動を紹介してきましたが、今後は一人ひとりが自分らしく生きられる生きやすい社会を作ろうと考える多くの人たちと連携していきたいと考えています。そんな地域を越えたゆるやかなネットワークを構築していきたいものです。

＊

オープンカレッジに参加された皆さんが書かれたものに感動しているうちに、これを私だけで読んでいてはもったいないと思うようになりました。そしてこのような本を作りたいと思い始めてから数年を経て、今から一年前、生活思想社の五十嵐美那子さんにおおよその案をお見せして相談に乗っていただきました。『埼玉県よしかわ発男女共同参画物語』『0歳からのジェンダー・フリー』『高齢者グループリビングCOCO湘南台』などの本を出版されているこの出版社にぜひお願いしたいと考えていたのです。そして本にできそうだという五十嵐さんからの返事に勇気を得て、本を作ることを決心し、さっそくゼミの皆さんに声をかけました。

本を作るということに賛同してくれたゼミ参加者とゼミ修了生に、それぞれが選んだテーマで原稿を書いてもらい、できあがった原稿を持ち合って全員で話し合いをしました。一人ひとりの原稿を読み上げて感想を言い合い、それを参考に書き直すという作業を何回か繰り返しました。その過程はとても時間のかかる疲労困憊する経験でしたが、それもまた一つの学習の場でした。当初は本を作る目的があいまいでしたが、何回か話し合いを重ねるうちに伝えたいものがだんだんとはっきりしてくるようになりました。

誰にでも必要なときに必要な出会いがある、その一つとして女性学があり、出会った者はまた誰か必要としている人に自分の経験を伝えたくなる。本という形にすることで、その連続の輪をつなげていくことができるものと考えています。

＊

本作りの最初から一緒に参加してくださった五十嵐さんに感謝します。
湘南国際女子短期大学も変革の時期を迎えています。藤沢市の市民のための学習と活動の場が、そしてそのなかの一つであるオープンカレッジがこれからもさらに発展することを祈って。

湘南ＶＩＲＡＧＯを代表して＊小松加代子

著者紹介（五十音順）　数字はオープンカレッジ受講年度。〈　〉内は現在の肩書き・所属

阿部　和子（あべ　かずこ）二〇〇〇
飯田真由美（いいだ　まゆみ）一九九八
家永　幸子（いえなが　さちこ）二〇〇三
岡田　律子（おかだ　りつこ）一九九七
尾島せつ子（おじま　せつこ）二〇〇三
小松加代子（こまつ　かよこ）〈湘南国際女子短期大学・女性学／宗教学〉
寺田富久子（てらだ　ふくこ）二〇〇〇
永田　稲子（ながた　いねこ）一九九七
野田十佐子（のだ　とさこ）二〇〇一
橋本　明子（はしもと　あきこ）二〇〇四〈女性のための護身術インストラクター・性の健康教育ファシリテーター〉
服部富士子（はっとり　ふじこ）二〇〇三
濱嶋　知子（はましま　ともこ）二〇〇三〈ＥＮＯＳＨＩＭＡ―Ｖ〉
濱田　範子（はまだ　のりこ）二〇〇一
松本利枝子（まつもと　りえこ）一九九七
宮坂　正子（みやさか　まさこ）二〇〇二
吉井　由美（よしい　ゆみ）一九九九
吉田美和子（よしだ　みわこ）二〇〇〇

◆湘南VIRAGO

VIRAGOはラテン語からきた言葉で、「人」の女性形。ところが、もっぱら悪い意味で「口やかましい女」として使われる。そんなジェンダーの押し付けを跳ね除けて、社会を変革するために意見を堂々と出していこうという、オープンカレッジ・ゼミ修了者からなるグループ。

藤沢発 オープンカレッジから生まれた女たち
女性学から実践へ

2006年3月10日　第1刷発行

編著者　湘南VIRAGO
発行者　五十嵐美那子
発行所　生活思想社
〒162-0825 東京都新宿区神楽坂2-19　銀鈴会館506号
電話・FAX　03-5261-5931
郵便振替　00180-3-23122

印刷・製本　平河工業社
落丁・乱丁本はお取り替えいたします

Printed in Japan　ISBN 4-916112-14-8 C0036